Serienkulturen: Analyse – Kritik – Bedeutung

Reihe herausgegeben von
Marcus S. Kleiner, Professor für Kommunikations- und Medienwissenschaft,
SRH Berlin University of Applied Sciences, Berlin, Deutschland

Die Bände bieten eine spezifische Leitperspektive auf eine Serie oder eine bestimmte Thematik in unterschiedlichen Serien. Ziele der Reihe sind u. a.:

- Vergleichende Analysen der sozialen, politischen, (inter-)kulturellen, lebens-weltlich-identitären Bedeutungen der Serien (national/international)
- Vergleichende Analyse des Potentials von Fernsehserien als Analytiker und Kritiker von (historischen und/oder aktuellen) Zeitfragen
- Systematische und umfassende Erforschung der internationalen Serienkulturen von den 1950ern bis zur Gegenwart
- hohe Relevanz für die Film- und Fernsehwissenschaften im Speziellen, die Medien-, Kultur- und Sozialwissenschaften im Allgemeinen
- Publikumsorientierte Ausrichtung und eine entsprechende stilistische Form, hierbei v. a. auch eine deutliche Adressierung von Serien-Fankulturen, und keine exklusiv fachinternen Ausrichtungen der Bände.

Weitere Bände in der Reihe http://www.springer.com/series/13105

Brigitte Biehl

Leadership in Game of Thrones

 Springer VS

Brigitte Biehl
Berlin, Deutschland

ISSN 2524-3284   ISSN 2524-3292   (electronic)
Serienkulturen: Analyse – Kritik – Bedeutung
ISBN 978-3-658-29300-0   ISBN 978-3-658-29301-7   (eBook)
https://doi.org/10.1007/978-3-658-29301-7

Die Deutsche Nationalbibliothek verzeichnet diese Publikation in der Deutschen Nationalbiblio-
grafie; detaillierte bibliografische Daten sind im Internet über http://dnb.d-nb.de abrufbar.

Planung/Lektorat: Barbara Emig-Roller
Springer VS ist ein Imprint der eingetragenen Gesellschaft Springer Fachmedien Wiesbaden
GmbH und ist ein Teil von Springer Nature.
Die Anschrift der Gesellschaft ist: Abraham-Lincoln-Str. 46, 65189 Wiesbaden, Germany

Danksagung

Ich bedanke mich bei den Studierenden des B.A. Creative Industries Management, darunter vor allem Péter Ostertag, Saeden Runge, Mason Traylor, Felix Reichenberger und Amelie Sieker, für ihre monatelange Diskussionsfreudigkeit zum Thema *Game of Thrones*. Alexander Missal hat den „strong silent type" bei den Sopranos in meine Überlegungen eingebracht und luzide Anmerkungen zur Serie gemacht. Norman Noczinski hat meinen GoT-Faible neben vielen weiteren liebevoll erduldet und mit Analysen der Musik und Rechtsfragen belebt. Marcus S. Kleiner danke ich für die Ermutigung dieses Vorhabens und ihm und Marcus Stiglegger für die Einladung zum Vortrag beim Symposion „Populäre Politik in Fernsehserien" der SRH Hochschule der populären Künste Berlin und der DEKRA Hochschule für Medien Berlin, welches meinen Blick für Serienkulturen noch einmal geschärft hat. Ulrich Wünsch ist zu danken, da er mir die Tür zu den populären Künsten wortwörtlich geöffnet hat und in seiner Zeit als Gründungsrektor unserer Hochschule einen Leader-Typus vorlebte, wie er nicht im Buch zu finden ist.

Inhaltsverzeichnis

Einleitung: Populäre Kultur und Leadership

Zusammenfassung

In *Game of Thrones* geht es nicht nur um Fantasy, sondern um die Menschen in unsicheren Zeiten. Populäre Kultur ist performative Praxis, die uns Sinn vermittelt und Verständnis ermöglicht, auch von zwischenmenschlicher Interaktion und Kämpfen um Einfluss, Geltung und Bedeutung. Zentrale Themen der Serie sind Macht, Führung und Folgen – die Kernthemen der Leadership-Forschung, die uns heute allerorts begegnen. Medienprodukte zeigen uns die Komplexität von Führung ganz anders als Lehrbücher mit ihren oft blutleeren Erklärungen.

Schlüsselwörter

Populäre Kultur · Leadership · Managementforschung · Beziehungen · Interaktion

In *Game of Thrones* geht es nicht primär nur um eine Fantasiegeschichte, sondern um die Menschen. Die Serie lässt sich als eine ernsthafte Erkundung der menschlichen Natur in unsicheren Zeiten sehen. Die HBO-Serie, die sich als düstere Qualitätsserie gegenüber dem normalen öffentlichen TV-Programm positioniert, hat immense globale Aufmerksamkeit auf sich gezogen. Im Ranking der am häufigsten ausgezeichneten TV-Serien liegt *Game of Thrones* mit 38 Emmys und 128 Nominierungen zwischen 2011–2019 fast ganz vorne, hinter *Saturday Night Live* (seit 1975), vor *Frasier*, den *Simpsons,* und vielen anderen großen Serien dieser Dekade wie *Breaking Bad* und *Mad Man.* Das kontroverse Interesse ist auf jeden Fall hoch. So hatte in der Anfangszeit Laurie Penny (2012) im New Statesman

© Springer Fachmedien Wiesbaden GmbH, ein Teil von Springer Nature 2020
B. Biehl, *Leadership in Game of Thrones,* Serienkulturen: Analyse – Kritik –
Bedeutung, https://doi.org/10.1007/978-3-658-29301-7_1

Game of Thrones als „präkulturelles Disneyland mit Drachen" bezeichnet, voll von Frauenfeindlichkeit, Heterosexismus, Cissexismus und toxischer Männlichkeit. Der Überfluss an Blut, Brüsten und Vergewaltigungen gepaart mit Gewalt und Machtkämpfen in der Serie von David Benioff und D. B. Weiss, die auf der Romanreihe *A Song of Ice and Fire* („Das Lied von Eis und Feuer") von George R. R. Martin basiert, war ein grober Schock für das globale Publikum, das strategisch kalkulierte und sanitäre Machtspiele in *House of Cards* gewöhnt war oder zumindest halbwegs beherrschte Bösartigkeit in medial geläufigen und damit weniger befremdlichen Drogenkriegen wie in *Breaking Bad*. Der Kampf um die Macht in Westeros ist körperlicher und blutiger als in jedem heutigen wirtschaftlichen oder politischen Zusammenhang, aber genauso hintertrieben was die Verfehlungen, Manipulationen und Niederlagen angeht.

Über die acht Staffeln hinweg vertieften und differenzierten sich die Analysen von *Game of Thrones* und das populärkulturelle Phänomen ließ sich in vielerlei Hinsicht melken. Es ist zum beliebten Objekt von Mediendiskussionen über das Heute, die Menschheitsgeschichte und sogar die Flüchtlingskrise in Syrien geworden (Kustritz 2016). Im Wirtschaftsbereich präsentierten alsbald Online-Portale wie *Businessinsider* Rankings der „Leadership-Skills" der Seriencharaktere, und der *Economist* publizierte einen Beitrag über das virulente Thema Frauen in Führungsposition in Hinblick auf die Machtverschiebung in Westeros: „Women rule Westeros. How strange" (Prospero 2016).

In diesem Buch benutze ich eben diesen Themenbereich der Macht, der Herrschaft oder Führung – neudeutsch: Leadership – als Ausgangspunkt für eine Analyse von *Game of Thrones*. Ich begreife populäre Kultur als performative Praxis (Kleiner und Wilke 2013), die den Menschen Sinn vermittelt und Verständnis ermöglicht, auch von zwischenmenschlicher Interaktion und uns alle betreffenden Kämpfen um Einfluss, Geltung und Bedeutung. Damit bringe ich die Forschung im Bereich populärer Kultur mit der Managementforschung zusammen, was zunächst überraschend klingen mag, aber fast notwendig erscheint, wenn man länger über die zentralen Machtkämpfe und ihre Protagonisten nachdenkt. So möchte ich zunächst die Wahl des Themas „Leadership" weiter erörtern, und dann auch skizzieren, wie selbst die rationalistisch erscheinende Managementforschung eine Bereicherung für die Analyse, Kritik und Bedeutung von Serienkulturen sein kann. Ebenso profitiert die medien- und kulturwissenschaftliche Forschung zu Serienkulturen von dieser interdisziplinären Erweiterung in Richtung Wirtschaftswissenschaften, obwohl und gerade weil die Disziplinen Management mit dem Paradigma der Effizienz und die Kulturwissenschaften mit ihrem Paradigma der Wirksamkeit (McKenzie 2001) sich lange kaum vereinen ließen, in der deutschsprachigen Forschung noch weniger als international (Biehl-Missal 2011).

Zentrale Themen der Serie sind Macht, Führung und Folgen. Das sind die Kernthemen der Leadership-Forschung, und vor allem Themen, die uns heute allerorts begegnen. So haben die kritischen Managementforscher Learmonth und Morrell (2017) die „Allgegenwärtigkeit von Leadership" im heutigen Diskurs festgestellt. Es gibt keine allgemeingültige Definition von Leadership, aber aktuelle Sichtweisen sehen Führung als einen Prozess, der die Beeinflussung anderer beinhaltet, der im Kontext einer Gruppe geschieht und bestimmte Ziele verfolgt, die mehr oder minder von Führenden und Geführten geteilt werden (Walenta 2012, S. 496). Führung ist also nicht klassisches Management mit Funktionen wie Planen, Organisieren, Steuern und Kontrollieren, sondern hat mit Sinngebung, Motivation und Beeinflussung zu tun.

Das Thema ist virulent, und auch in der Weltpolitik erleben wir den Aufstieg und das Scheitern großer Politiker, von denen sich die Menschen zunächst inspiriert führen und dann doch abwenden. Noch direkter und interaktiver gesehen, wollen in der heutigen Arbeitswelt Menschen nicht nur Anweisungen erhalten, sondern motiviert und inspiriert werden, Sinn erfahren und sich selbst verwirklichen, sie suchen nach Orientierung und Personen, die ihnen die Richtung weisen. Aber das alleine reicht nicht. Sie setzen sich mit diesen Führungspersonen permanent auseinander und entscheiden, ob überhaupt und wie lange sie ihnen folgen. Das gilt vor allem für Bereiche der Kreativwirtschaft und der Wissensarbeit (Biehl forthcoming), der Dienstleistungen und vielen anderen Situationen in unserer dynamischen Welt, und so lässt sich von den Prinzipien der Führung und Interaktion, die wir in Serienkulturen verhandelt sehen, auch für unser Leben lernen.

Die vielfältigen Ansätze zwischen Kooperation und Konkurrenz, die wir am Bildschirm vorgeführt bekommen, lassen sich überall einsetzen, in der Arbeit, im Alltag, bis zum Privatleben (Galinsky und Schweitzer 2015). Kritisch wurde schon angemerkt, dass die Diskurse, Techniken und Imperative von Management zunehmend Einzug in unsere Lebenswelt erhalten, wo auch das Privatleben schon „gemanaged" wird (Hancock und Tyler 2004). Wenig verwunderlich also, dass ein breites Publikum jenseits typischer Fantasy-Konsumenten *Game of Thrones* rezipiert, wo uns diese Themen um Macht und Einfluss dauernd begegnen und verhandelt werden.

Oder andersherum: Die Serie ist um diese Themen herum aufgebaut. Verschiedenste Management-Theorien und Praxiserfahrungen werden von den Massenmedien und gerade auch in TV-Serien verarbeitet, bearbeitet und an die Mediennutzer vermittelt – wobei die Programminhalte die zeitgemäßen, aktuellsten Theorien wiedergeben (Towers 2018, S. 251). Auch wenn das Fantasy-Drama nicht als Leadership-Parabel geschaffen wurde, so sind doch diese Themen heute virulent und zeigen sich in dem Medienprodukt, das sich im psychoanalytischen Vokabular als „sozialer Traum", als Produkt vielstimmiger und kreativer Zusammenarbeit, bezeichnen ließe und damit als eine Reflexion unserer heutigen Gesellschaft.

Über das Thema Leadership im Besonderen erfährt die Öffentlichkeit nicht nur durch ein Managementstudium, Veröffentlichungen in wissenschaftlichen Journalen und Fachzeitschriften, Fortbildungen oder aus eigenen Erfahrungen im täglichen Arbeitsleben. Vielmehr erschließen sich die Menschen Themen, denen sich die Wissenschaft bisweilen zuerst beschreibend widmet, auch durch die populäre Kultur. So lernen sie etwa von TV-Serien, wie gute Zusammenarbeit funktioniert (Towers 2018), und können von *Game of Thrones* mitnehmen, wie Führung und Folgen zwischenmenschlich ausgehandelt werden. Die Serie erzählt uns nicht nur von dem Thema, sondern kann uns helfen, bestimmte Aspekte von Führung und menschlichen Machtkämpfen anders und deutlicher zu sehen. Das gilt sowohl für die einzelnen Zuschauer als auch für die Wissenschaft, wenn wir neue Erkenntnisse für die Managementforschung ableiten und vor allem Ideen für interdisziplinäre Perspektiven in den Film- und Fernsehwissenschaften im Speziellen und den Medien-, Kultur- und Sozialwissenschaften im Allgemeinen gewinnen können.

Populäre Kultur kann Fiktion sein und Fantasy, Unterhaltung und Amüsement, aber ist dabei immer eine Quelle von Wissen über die Welt. Die Inhalte sind anders gestrickt als wissenschaftliche Texte, die Themen abgrenzen, parzellieren und tief graben und Wissen als kompakte und schwerverdauliche Päckchen produzieren. Serienkulturen zu untersuchen bringt uns in einen Raum zwischen der bewussten Analyse und den unbewussten populären Träumen unserer Gesellschaft. *Game of Thrones,* wie andere populärkulturelle Texte auch, ermöglicht uns, neue Perspektiven auf unsere Welt zu entwickeln und Einsichten zu erlangen, die Grenzen der wissenschaftlichen Disziplinen überspringen und erweitern. Hier geht es nicht darum, Wissensansprüche abzugrenzen, Wissen weiter aufzuteilen und wortwörtlich zu „disziplinieren". Populäre Serien sollten vielmehr als Spiegel unserer Zeit angenommen und genutzt werden, um neuen Sichtweisen, die in diesem filmischen Ausdruck geronnen sind, nachzugehen. So analysiere ich *Game of Thrones* in diesem Buch interdisziplinär mithilfe der Leadership-Forschung als Teil der Management- und Organisationsforschung.

Populäre Kultur hat das Potenzial, die Wissensproduktion zu verbreitern und zu erweitern und so haben bereits verschiedene Richtungen wissenschaftlicher Forschung die Analyse populärer Kultur erweitert. Beispielsweise betrachten Wissenschaftler aus dem Bereich International Relations regelmäßig populäre Kultur und haben sich auch *Game of Thrones* als politischen Mikrokosmos angesehen, etwa um politische Autorität in ihren geschlechtsbezogenen Formen, Realpolitik und politische Trends zu diskutieren (Clapton und Shepherd 2017). Diese Betrachtung liegt ziemlich nahe, denn politisches Handeln in einem Kontext lässt sich recht leicht in einen anderen übertragen. Dabei hilft natürlich der literarische Bezug der Serie zu den Rosenkriegen im mittelalterlichen England, zu den Kreuzzügen und dem Hundertjährigen Krieg, wozu der Buchautor George R. R. Martin des Öfteren befragt wird und womit sich Fans ausführlich beschäftigen, etwa auf eigenen Webseiten („History Behind Game of Thrones" 2019) oder in von TED-Ed verbreiteten Bildungsvideos (Gendler o. J.).

Die Herrschaft von Königen und Herzogen ist eine etwas andere Managementform als wir sie heute im globalen finanzgetriebenen Kapitalismus erleben. Aber auch das herrschende Königshaus von Westeros hängt hochverschuldet am finanziellen Tropf der Iron Bank. Zudem stellten Königreiche die ersten volkswirtschaftlichen Einheiten und mit ihren Burgen als Zentren die betriebswirtschaftlich geführten Organisationen mit Arbeitsteilung dar. Die Romanhelden sind nicht direkt mit zeitgemäßen Führungspersonen zu vergleichen und ihren PowerPoint-Meetings und Server-Problemen. Unsere menschlichen Probleme sind aber vom Prinzip her nicht zu weit entfernt von den heimlichen Ränkeschmieden, moralischen Dilemmata und verbalen Konflikten fiktionaler Literatur. Erkenntnisse lassen sich, obwohl der äußere Anschein abweicht, direkt unter die Haut und in das Herz der modernen Zusammenarbeit übertragen.

Die Fantasy-Welt präsentiert zahlreiche Protagonisten, die sich als Führungstypen mithilfe der zeitgenössischen Leadership-Literatur diskutieren lassen, was vielleicht auf den ersten Blick nicht ganz so nahliegend erscheint wie die Betrachtung mittelalterlicher Geschichte und internationaler Politik. Die visuelle Distanz von *Game of Thrones* zur Welt der Wirtschaft lässt aber mehr Raum, Stereotype auszuspielen und zu brechen – was die Betrachtung einer Büro-Serie wie *Mad Men*, *Ally McBeal* oder *Suits* durch das theoretische Dispositiv von „Leadership" nicht im gleichen Ausmaß zulassen würde. Die Thematik der Macht ist, wie geschildert, zentral für die Serie, die sich auch von populären Fantasy-Welten mit Märchenanleihen und primär weiblichen Zielgruppen distanziert und nicht zuletzt durch die knallharte Ablehnung des romantischen Endes („happily ever after") an das ernsthafte TV-Drama anschließt. Auch ist Westeros nur pseudo-mittelalterlich mit Drachen und Zombies und ahistorisch, indem populäre Mythen aus verschiedenen Orten, Epochen und Zeiten zusammengeführt werden. So zeigt die Serie eigentlich wenig aus der Vergangenheit, aber umso mehr von unserer Vorstellung – nicht von der Vergangenheit, sondern von unserer Sicht auf das Heute.

Game of Thrones enthüllt uns eine harte Sicht auf unsere Welt. In unserer demokratischen Gesellschaft ist die Stellung von Gewalt eine andere als dort, also stellt dies für uns einen Bruch da. Eine Parallelisierung der Geschehnisse ist natürlich trotzdem möglich, denn obwohl wir unbestritten die kulturellen Errungenschaften hochhalten und nicht im „dunklen Mittelalter" leben wollen, erfahren wir doch, dass Moral und soziale Verträge oft nicht wirklich auf der Höhe unserer Zeit sind, geschweige denn eingehalten werden. An vielen Beispielen von Grausamkeit, Ausbeutung und Ethikskandalen ist gerade die Wirtschaftswelt maßgeblich beteiligt. Uns ist schon bewusst, dass „das Mittelalter" unter uns ist oder in Form von politischen Bedrohungen vor unserer Haustür (Marsden 2018). Brutalität gehört zum Leben vieler Menschen in politisch und wirtschaftlich instabilen Orten immer noch dazu, ist also nicht im Mittelalter verblieben. Dinge wie Intrigen, Verrat und Machtspiele mögen für die meisten von uns nicht häufig körperlich brutal sein, können aber psychisch und emotional eine zerstörerische Wirkung entfalten.

Die politische Lage ist generell schnelllebig und das zeigt vor allem *Game of Thrones,* wo sich das Herrscher- und Machtkarussell flott dreht. Der Vorspann verweist schon darauf, wenn die Kamera über die dreidimensionale Landkarte von Westeros und Essos und die Schlösser und Bauten aus maschinenartigen Teilen gleitet und verharrt, bis diese sich, von einer unsichtbaren Dynamik getrieben, emporgeschraubt haben. Die gezeigten Bauten verändern sich, abhängig von den Orten der Handlung der jeweiligen Staffel und beinhalten wechselnd Königsmund, Winterfell, Meereen, Braavos, Drachenstein, Vaes Dothrak, Harrenhal, Schnellwasser und andere. Die uhrwerksgleiche, stetige Erscheinung verweist auf die Zwangsläufigkeit und Unabwendbarkeit, mit der sich Machtzentren immer wieder neu bilden und in architektonischer Form manifestieren. Ironisch zeigt das die Simpsons-Folge „Exit through the Kwik-E-Mart" als intertextuelles Zitat dieser Ästhetik, wenn die städtischen Gebäude einschließlich des Weißen Hauses (Abb. 1) abgefahren werden und im letzten Bild die Mauer zum Norden als eine riesige Couch erscheint.

Game of Thrones erzählt nicht nur Fantasiegeschichten, sondern berichtet uns von Menschen. Die Serie präsentiert uns menschliche Interaktion in unsicheren Zeiten. Die Protagonisten kämpfen mit sich selbst, mit Entscheidungen und mit anderen. Obwohl es sich um ein Fantasy-Spektakel im mittelalterlichen Setting handelt, ist *Game of Thrones* nun auch ein Führungsdrama und ein Spiegel unserer Zeit: Die Serie zeigt eine Bandbreite an Führungspersonen verschieden Geschlechts, mit unterschiedlichsten körperlichen Voraussetzungen und Hintergründen und durchaus auch zeitgenössische Leader, die es vor einigen Jahrzehnten schlichtweg nicht gegeben hätte. *Game of Thrones* situiert sich in den

Abb. 1 Macht und ihre Zentren sind ständig in Bewegung, auch in unserer heutigen Welt und bei den Simpsons. (The Simpsons, 2012, S32E15, USA, Fox Studios, YouTube https://www.youtube.com/watch?v=gwbXigbTc74)

geopolitischen Veränderungen zwischen der westlichen Welt und umgebenden Ländern. Die Geschichte beginnt mit feststehenden kulturellen und rassischen Stereotypen, die den europäischen weißen König zeigen, den exotischen Kriegsherrn aus dem Morgenland und die schöne, aber durchtriebene Königin. Die Stoßrichtung der Serie ist die Zerstörung traditioneller Territorien und Machtverhältnisse, die Zerschlagung von adligen Familienlinien und die Massenbewegung von Völkern wie in Daenerys' transnationalem Vorhaben. In der fünften Staffel sind die Hälfte der Figuren Migranten, politische Flüchtlinge und in die Diaspora vertriebene Bürger. Die Situation erscheint weniger segregiert und kosmopolitisch, eine zierliche Blondine mit Drachen tritt an gegen einen unehelichen Bastard aus dem Norden, beraten von einem Eunuchen und einem Kleinwüchsigen. Die mächtigen Frauen in der Serie sind unbestreitbar modern. Daenerys mit ihren Machtattributen – keine Pistolen, sondern Drachen – und ihren Superkräften, die knallharte und selbstbewusste Cersei Lennister und Arya Stark, die von der kleinen Tochter zur tödlichen Killerin wurde, sind Figuren des feministischen Empowerment und nehmen Rollen ein, die sonst für Männer reserviert waren. Auch die Männer sind wie aus Hipster- und Lifestyle-Serien von heute: Der spätere König im Norden, Jon Snow (auch: Jon Schnee), will nicht führen und sagt das auch, und zwar dauernd, der Kurzzeit-König Tommen Lennister will von Mama liebgehabt werden, und der Berater mehrerer Könige, Tyrion, gibt offen und ungefragt seine vielfältigen Fehler und Schwächen zu.

Derlei Fantasy-Geschichten sowie auch andere Stories nach dem Spätmittel-alter und vor unserer technologischen Zeit lassen sich als Inspiration in vielen Bereichen benutzen. Die Managementforschung hat sich bereits der klassischen Literatur, dem Theater und der Kunst (Sánchez 2018) sowie verschiedensten Film- und TV-Produkten zugewandt (Carroll et al. 2015; Towers 2018). Die Stärke diese Medienprodukte liegt darin, dass sie Einblicke in die (zwischen-) menschliche Komplexität von Führung bietet, die Lehrbücher der Betriebs-wirtschaftslehre mit blutleeren Modellen und Matrizen und oberflächlichen Fallstudien nicht bieten können. Manager und Unternehmen sind in den letz-ten Jahrzehnten spektakulär negativ aufgefallen mit Ethik- und Sex-Skandalen (Morgan Stanley), schlecht verheimlichten Umweltsünden (Volkswagen), volks-wirtschaftlichen Betrügereien (Deutsche Bank) und globalen Pleiten (Lehman Brothers). So hat sich die Managementforschung und -ausbildung der Welt der Kunst und populären Kultur zugewandt, um Ethikdiskussionen, Reflektion und menschliche Inspiration über populäre Kultur in diese Disziplin zu bringen (Adler 2006; Biehl-Missal 2011).

Modelle der fiktionalen Erzählung können Konzepte der Leadership-Forschung bereichern. Beispielsweise haben sich Managementforscher in die Lektüre von Shakespeare zur Führungskräfteentwicklung (Augustine und Adel-man 1999; Badaracco 2006) vertieft. Kritische Leser erkennen, dass etwa Hein-rich V beileibe kein moralisches Ideal ist, sondern ein düsterer Charakter und Meister der Täuschung mit verschiedenen Gesichtern, die gesamte Henriade eine Abhandlung über Machtergreifung und Machterhaltung als „Frage des vollendeten Schauspiels" (Mangham 2001, S. 301). Die Literatur führt dabei das Eingenommensein von der eigenen Rolle vor: Ist der Akteur dem Bilde des unbesiegbaren Selbst schon erlegen? Anders als die Managementliteratur mit ihren weit verbreiteten personenorientierten, charismatischen und heroischen Führungsmodellen erscheinen diese Protagonisten nicht als Helden, sondern mit ihren unheroischen Seiten. So werden viele Hauptpersonen in der populären Kultur, in der Kunst, in Literatur und Theater als inkohärente, unschlüssige Cha-raktere gezeigt. Solche Helden sind nicht der ästhetische Beweis für Führungs-theorien, sondern halten uns Masken der Verunsicherung entgegen, um Skepsis und Zweifel gegenüber allgemein akzeptierten, aber nicht wirklich nachhaltigen Konzepten von Führung und Folgen zu entzünden (Biehl-Missal 2010).

Die Leader in *Game of Thrones* sind Helden, wie man sie nicht im Lehrbuch, sondern im Leben und ganz klar und deutlich in populärer Kultur finden kann: Sie sind beileibe nicht perfekt, stehen unter einem enormen Druck und wollen sich selbst und andere fordern, um ihre Ziele zu erreichen. Das entspricht unserer heutigen komplexen Welt, in der gescheiterte Führungspersonen zwar nicht wortwörtlich hingerichtet werden, aber Entscheidungen unter großer Unsicherheit, mit Bauchschmerzen und ungewissem Ausgang treffen müssen. Die prominenten Leader in *Game of Thrones* tun dies fortlaufend. Manchmal geht dies gut, und manchmal greifen sie spektakulär daneben! Wer sich auf die Erzählung einlässt, kann großartige Stärken und spektakuläre Schwächen einmal ganz offen ausgespielt erleben. Wer mitfühlt beim Zuschauen, kann Mechanismen von Führung und Folgen nicht nur rational nachvollziehen, sondern auch mit dem Empfinden gewahr werden und die sinnliche Wahrnehmung der menschlichen Interaktion als eine Art ästhetische Kompetenz ausbauen. Nicht zuletzt entfaltet sich Führung nicht nur im Kopf, sondern auch in der sinnlichen Wahrnehmung der Menschen.

Gerade *Game of Thrones* zeigt über archetypische Führungsmodelle die Abgründe und auch hässlichen Seiten von Herrschaft, die man sonst nur als Resultat in den Nachrichten sieht, mit personalisierenden Nahaufnahmen, gut ausgeleuchteter Selbstzerstörung und ausführlichen Auseinandersetzungen mit den früher oder später doch immer zweifelnden Anhängern. Die politische Nachricht an das Publikum lautet: Es ist nötig, von der durchweg ideologischen Perspektive der zentralen, meist männlichen Führungsperson wegzukommen. Wenn man eine differenziertere Sicht annimmt, sieht man, dass nicht einer führt und andere folgen, sondern dass Menschen ihre Interaktion und ihre soziale Ordnung beständig verhandeln. Dies wertzuschätzen öffnet den Blick für eigene Verantwortung und für mögliche Veränderung.

Game of Thrones spiegelt, so meine These, eine Sicht auf Führung wider, die man auch im Stand der wissenschaftlichen Forschung im Bereich Leadership erkennt: Führungspersonen selbst wurden lange und ausführlich untersucht, aber die Anhänger haben viel weniger Aufmerksamkeit erhalten. Tatsächlich hat es auch in der Forschung viele Jahrzehnte gedauert, bis der Gedanke ernst genommen wurde, dass es keine Führung ohne Anhänger oder Gefolgsleute (Follower) gibt (Uhl-Bien et al. 2014). Wie diese beiden Parteien interagieren, ist eine komplexe und nicht einfach zu erklärende Sache.

In der Forschung ist man soweit, dass Leadership nicht als *Objekt* betrachtet wird, das einer Person mit Macht quasi *gehört*. Das sehen wir in *Game of Thrones* an vielen Stellen symbolisch ausgedrückt: Zwar dreht sich der Kampf um das Objekt des Eisernen Throns, aber die Menschen, die auf ihm sitzen, wechseln relativ schnell. Ebenso wie Kronen und goldene Ansteckpnadeln der Berater und Hände des Königs (im Original: „Hand of the King"). An einer denkwürdigen Stelle wirft die Mutter der Drachen, Daenerys, den Herrscherstab mit der Peitsche als Zeichen der Befehlsgewalt in den Sand (Abb. 2) und verlässt gemeinsam mit

Abb. 2 Weg mit dem Ding! Daenerys, Sprengerin der Ketten, bindet ihre Gefolgsleute lieber über Charisma und dazugehörige Versprechungen. (Game of Thrones (GoT), S03E04, USA, 2013, HBO, YouTube)

den aus der Sklaverei befreiten Soldaten die Stadt Astapor (S03E04). Die Kämpfer der Armee der Unbefleckten folgen ihr freiwillig. Hier wird klar: Führung entsteht nicht über ein Objekt, sondern zwischen den Menschen, durch Akzeptanz, geteilte Werte und Wertschätzung.

In die Narration von *Game of Thrones* ist eine Vorstellung von Führung eingeflossen, die Führung als sozialen Prozess beschreibt, der von Leadern und Followern gemeinsam gestaltet und ko-kreiert wird (Uhl-Bien et al. 2014). Man kann sich daher nie sicher sein, fest im Sattel der Führung zu sitzen. Die Serie konstruiert fortlaufend Leader und demontiert diese immer wieder. Nach dem König ist vor dem König!

Die einzige Rolle, in der Führung ohne jeglichen Widerspruch funktioniert, ist der Nachtkönig. Diese mysteriöse Gestalt ist der Anführer der Weißen Wanderer (im Original: White Walkers), unverwundbar durch normale Waffen, kann Tote und Drachen zum Leben erwecken und in die wachsende Armee der Zombies eingliedern. Kein Widerspruch, kein Infragestellen, kein Zweifel, keine Worte, keine Gedanken, keine Gefühle, keine Sinngebung, keine Strategie-Meetings, keine Motivationsdurchhänger – diese Führungsrolle ist eine überzeichnete Karikatur, eine tote Leerstelle, die von vornherein nicht als ernsthafte Alternative wahrgenommen wird, sondern die Handlung als diffuse Angst antreibt, als Stellvertreter für die Irrationalität der Politik und Wirtschaft (Flüchtlingsströme,

Konjunkturkrisen, Pandemien, Klimakatastrophe etc.), bis sie irgendwann einen recht unspektakulären Zombietod stirbt.

Dass für alle anderen Führung eine wackelige Dauerpartie ist, wird Daenerys erfahren und auch Jon Snow, der vor seiner ersten Führungsposition als Lord Kommandant der Nachtwache von dem erfahrenen Alliser Thorne (Abb. 3), recht deutlich darauf hingewiesen wird, dass die Position nicht selbstverständlich dauerhafte Macht mit sich bringt: „Do you know what leadership means, Lord Snow? It means that the person in charge gets second guessed by every clever little twat with a mouth." (S04E09) Vielmehr wird die Führungsperson permanent hinterfragt und damit infrage gestellt. Soweit, so schwierig, wenn jeder unverschämte Depp über einen urteilt. Aber Thorne sieht die eigentliche Gefahr im Selbstzweifel, als ob es nur auf die Führungsperson selbst ankäme: „But if he starts second guessing himself, that's the end. For him, for the clever little twats, for everone."

Die Serie zeigt später, dass Alliser die Beziehungsdimension heruntergespielt hatte. Er intrigiert heimlich und zettelt in Kooperation mit anderen eine Meuterei gegen den Kommandanten der Nachtwache an. Jon, der sich entschlossen hat, nicht mit anderen zu reden und sich selbst infrage zu stellen, sondern sich selbst-

Abb. 3 Anführer blicken nach vorne und ignorieren Schwätzer. Sagt zumindest Alliser Thorne. (GoT, S04E09, USA, 2014, HBO, YouTube)

bewusst in Sicherheit wiegt, wird heimtückisch abgestochen. De facto stellt jeder jeden infrage. Führung ist ein sozialer Prozess, eine Beziehungssache und wird fortlaufend zwischen Anführern und Gefolgsleuten verhandelt. Das Prinzip treibt die Erzählung in *Game of Thrones* an und wird blutig, schonungslos und überraschend umgesetzt.

Game of Thrones zeigt bestimmte anthropologische Konstanten und Kulturtypen, die wir alle kennen, und die ich in Korrespondenz bringen werde mit Modellen der Leadership-Forschung. Obwohl die Serie von der Form her weit entfernt von unserem Leben erscheint, ist sie nicht nur Fantasy, sondern steht in einem direkten narrativen und konzeptuellen Bezug zu der Gegenwart, in der wir leben. In der Serie als vielstimmiges, kreatives Produkt sind Vorstellungen von Führung geronnen, die nicht nur imaginär oder theoretisch existieren, sondern real unter uns sind. Meine Untersuchung arbeitet also mit einer Parallelisierung von mehreren Ebenen, die kulturelle Archetypen in Bezug zu Modellen der Führung setzt, und diese in Bezug zu unserer Gegenwart bringt. Menschen verlangen Führung einerseits, stehen ihr andererseits sehr ambivalent und kritisch gegenüber. Führungspersonen werden konstruiert und dekonstruiert. Führung ist keine Position, sondern ein Prozess und wird zwischen den Beteiligten interaktiv verhandelt. Zuletzt wird Führung in sich fast aufgelöst und auf Menschen übertragen, die wir nicht erwartet hätten. Auf diesen Endpunkt arbeitet die Serie beständig und in vielen Wendungen langsam aber unaufhaltsam hin.

Die Hauptfiguren in *Game of Thrones* sind nach personenzentrierten Führungsbildern geschnitzt, die ihre Anhänger tendenziell als folgsam sehen – und daran immer scheitern, denn Führung ist Beziehungssache. Um dies zu illustrieren, beginnt meine Ausarbeitung bei einem der bekanntesten Archetypen, den *Game of Thrones* auch schlüssig als erstes präsentiert: Der authentische Anführer, im Einklang mit seinen Werten, echt und geradeheraus, „the strong silent type", der Mann aus dem Norden, der wohlwollende Patriarch, Lord Eddard Stark von Winterfell (Kap. 2). Es ist mit der Komplexität der Machtspiele in der Hauptstadt überfordert und kann die Haltung von anderen nicht nachvollziehen, so scheitert er bald tragisch.

Auf ihn folgen die nächsten Leader, die man gesellschaftlich als sichere Bank betrachten würde, weil sie ihr soziales, kulturelles und ökonomisches Kapital als Privilegien mitbringen wie Robb Stark und seine Mutter Catelyn (Kap. 3). „Mama Schattenwolf" ist die archetypische starke Frau im Hintergrund, die empowert, stützt und geduldig zuredet – aber doch nicht wirklich ernst genommen wird. Dies führt zu dem blutigsten Staffelende der Seriengeschichte, zur „Roten Hochzeit".

Im Machtvakuum versuchen sich nun verschiedene Mitspieler durchzusetzen wie qualifizierte Frauen wie Asha Graufreud oder strategische Spieler wie Varys (Kap. 4), denen aber ein Teil fehlt: der Penis und die damit verbundene sexuelle Potenz, derer sich andere maskulinistische Anführer rühmen und sich damit durchsetzen.

Schließlich schlägt im Finale der sechsten Staffel die Stunde der Frauen, die als Anführerinnen in die höchsten Ebenen der Macht aufsteigen, so wie Sansa Stark (Kap. 5), die sich eine harte Schale zulegte und vom romantischen Teenager zur Kriegsstrategien und Rachenehmenden wurde.

Cersei Lennister, bekannt als das Modell der weiblichen, passiv-aggressiven und bisweilen anti-feministischen Intrigantin isoliert sich als Power-over-Typ von ihrer Umwelt und kommt damit in eine Führungsrolle, an der schon andere einsame Geistliche und Politiker verzweifelten (Kap. 6).

Ein vermeintlicher Lichtblick ist Daenerys Targaryen, der Urtyp einer charismatischen Anführerin: Sie lässt sich verehren, spielt mit ihren Vorzügen, verspricht die Revolution – und verliert sich dann doch in der eigenen Inszenierung (Kap. 7).

Ein letztes Aufbegehren traditioneller Rollenzuschreibungen sieht man bei Jon Snow, der von seinen Gefolgsleuten in Krisen quasi zwanghaft und gegen seinen Willen zum Anführer gewählt wird, was mit dem Konzept der Romantisierung von Führung beschrieben wurde (Kap. 8).

Auch dies hat seine Grenzen, und nach dem Abgang des letzten charismatischen und bemüht emporgehaltenen gutaussehenden Mannes serviert uns *Game of Thrones* eine Form von Führung, die nicht der Erwartungshaltung des Mainstream entspricht, sondern von „Cripples, bastards, and broken things" bestritten wird (Kap. 9). Führung gelangt zwar nicht plakativ in die Hände einer demokratischen Gesellschaft, wird aber umso feinsinniger symbolisch aufgelöst in dem Medium des Dreiäugigen Raben, der jenseits von Authentizität, Kapital, Männlichkeitsklischees, Geschlechterrollen und Charisma als kollektives Gedächtnis auf einer unspektakulären Holzbühne im Rollstuhl sitzt und unbeteiligt lächelt. Es bleibt der Zuschauerschaft überlassen, ihre Verantwortung im Kontext von Führen und Folgen zu überdenken.

Literatur

Adler, N. (2006). The art of leadership: Now that we can do anything, what will we do? *Academy of Management Learning and Education Journal, 5*(4), 486–499.

Augustine, N., & Adelman, K. (1999). *Shakespeare in charge: The Bard's guide to leading and succeeding on the business stage.* New York: Hyperion.

Badaracco, J. (2006). *Questions of character: Illuminating the heart of leadership through literature.* Boston: Harvard Business School Press.

Biehl, B. (forthcoming). *Management in der Kreativwirtschaft. Grundlagen und Basiswissen.* Wiesbaden: Springer Gabler.

Biehl-Missal, B. (2010). Hero takes a fall: A lesson from theatre for leadership. *Leadership, 6*(3), 279–294.

Biehl-Missal, B. (2011). *Wirtschaftsästhetik. Wie Unternehmen die Kunst als Inspiration und Werkzeug nutzen.* Wiesbaden: Gabler.

Carroll, S., Kinney, A., & Sapienza, H. (2015). *Effective teaching for managers. Lessons from films.* Bingley: Emerald.

Clapton, W., & Shepherd, L. J. (2017). Lessons from westeros: Gender and power in Game of Thrones. *Politics, 37*(1), 5–18.

Galinsky, A., & Schweitzer, M. (2015). *Friend & foe: When to cooperate, when to compete, and how to succeed at both.* New York: Crown Business.

Gendler, A. (o. J.). The wars that inspired Game of Thrones. https://ed.ted.com/lessons/the-wars-that-inspired-game-of-thrones-alex-gendler. Zugegriffen: 1. Aug. 2019.

Hancock, P., & Tyler, M. (2004). „MOT your life": Critical management studies and the management of everyday life. *Human Relations, 57*(5), 619–645.

"History Behind Game of Thrones". (2019). The real events that inspired the greatest show on earth. http://history-behind-game-of-thrones.com Zugegriffen: 1. Aug. 2019.

Kleiner, M. S., & Wilke, T. (Hrsg.). (2013). *Performativität und Medialität Populärer Kulturen.* Wiesbaden: Springer VS.

Kustritz, A. (2016). "They all lived happily ever after. Obviously": Realism and utopia in Game of Thrones-based alternate universe fairy tale fan fiction. *Humanities, 5*(43), 1–16.

Learmonth, M., & Morrell, K. (2017). Is critical leadership studies ‚critical'? *Leadership, 13*(3), 257–271.

Mangham, I. (2001). Afterword: Looking for Henry. *Journal of Organizational Change Management, 14*(3), 295–304.

Marsden, R. (2018). Game of Thrones: Imagined world combines romantic and grotesque visions of Middle Ages. *The Conversation.* https://theconversation.com/game-of-thrones-imagined-world-combines-romantic-and-grotesque-visions-of-middle-ages-105141. Zugegriffen: 1. Aug. 2019.

McKenzie, J. (2001). *Perform or else. From discipline to performance.* London: Routledge.

Penny, L. (2012). "Laurie Penny on Game of Thrones and the Good Ruler complex." New Statesman, 4 June. http://www.newstatesman.com/blogs/tv-and-radio/2012/06/game-thrones-andgood-ruler-complex. Zugegriffen: 1. Aug. 2019.

Prospero. (2016). Game of Thrones. Women rule westeros. How strange. *The Economist,* 27. Juni. https://www.economist.com/prospero/2016/06/27/women-rule-westeros-how-strange Zugegriffen: 1. Aug. 2019.

Sánchez, Y. (Hrsg.). (2018). *Business Fiktionen, Literatur – Kultur – Ökonomie.* Bern: Lang.

Towers, I. (2018). Learning how to manage by watching TV. *International Journal of Organizational Analysis, 25*(2), 242–254.

Uhl-Bien, M., Riggio, R., Lowe, K., & Carsten, M. (2014). Followership theory: A review and a research agenda. *The Leadership Quarterly, 25*(1), 83–104.

Walenta, C. (2012). Empirie der Führung. In P. Heimerl & R. Sichler (Hrsg.), *Organisation, Personal, Führung* (S. 495–525). Wien: UTB.

Authentizität (Eddard Stark)

Zusammenfassung

Ehrlichkeit und Echtheit verkörpert in *Game of Thrones* keiner besser als Lord Eddard (Ned) Stark von Winterfell, Wächter des Nordens. Sein Motto: „Der Winter naht" („Winter is coming"). Sein Outfit: grobes Leder, Fell und Pelz, ungeordnete Zopffrisur, herb, männlich, ehrlich. Seine Haltung: entsprechend. Stark ist in der ersten Staffel die tragende Figur. Er bleibt seinen Prinzipien treu, ist ein Idealist – aber gut sein schützt vor'm Scheitern nicht: Ned stirbt grausam und ehrlos, denn er kann keine verstehende Beziehung zu den hintertriebenen Gegenspielern aufbauen.

Schlüsselwörter

Authentische Führung · Ehrlichkeit · Aussprache · Verkörperung · Fehlende Beziehungsorientierung

Ehrlichkeit und Echtheit verkörpert in *Game of Thrones* keiner besser als Lord Eddard (Ned) Stark von Winterfell, Wächter des Nordens (gespielt von Sean Bean). Eddard ist Lord von Winterfell und Wächter des Nordens. Sein Motto: „Der Winter naht" („Winter is coming"). Sein Outfit: grobes Leder, Fell und Pelz, ungeordnete Zopffrisur, männlich, ehrlich. Seine Haltung: entsprechend. Eddard Stark ist in der ersten Staffel die tragende Figur der gesamten Story – bis er grausam und ehrlos stirbt. Er bleibt seinen Prinzipien treu, ist ein Idealist selbst im Angesicht hintertriebenster Gegner – scheitert aber am Ende der ersten Staffel spektakulär.

© Springer Fachmedien Wiesbaden GmbH, ein Teil von Springer Nature 2020
B. Biehl, *Leadership in Game of Thrones,* Serienkulturen: Analyse – Kritik –
Bedeutung, https://doi.org/10.1007/978-3-658-29301-7_2

Eddard Stark wird eingeführt in der allerersten Folge als sympathischer Patriarch, als Kopf der Familie und pflichtbewusster Herrscher über Schloss Winterfell, die nördlichste der Burgen in den sieben Königslanden. Man sieht ihn zum ersten Mal auf der Balustrade im Schlosshof stehend, seine Frau Catelyn an der Seite, die frohe Kinderschar bei Bogenschießen und Kampftraining beobachtend. Die Idylle wird unterbrochen von der Nachricht, dass ein abtrünniger Soldat der Nachtwache aus der Strafkolonie der Grenzmauer in den nördlichen Gefilden aufgegriffen wurde. Stark nickt bedächtig, sattelt das Pferd und reitet mit einer Gruppe aus, über grüne Hügel und neblige Täler, um den Deserteur zu stellen. Die hohe und durch Magie errichtete Mauer aus massivem Eis trennt das Land des ewigen Winters, das Reich der Wildlinge und mysteriösen Weißen Wanderer von den vereinigten Königreichen. Eddard Stark ist Wächter des Nordens für einen weit im Süden gelegenen Königshof, der ruhig, gewissenhaft und gradlinig seine Pflicht erfüllt.

Schon bald erhält Eddard Besuch des Königs Robert Baratheon, seinem alten Kampfgenossen und Freund, der ihn an den Hof in Königsmund holen möchte. Nach dem Tod des königlichen Beraters soll Eddard Stark „Hand des Königs" werden, engster Berater und Regent von Robert. Obwohl er schon ahnt, dass diese Reise eine große Herausforderung für ihn wird, seine Frau und andere ihn warnen, so folgt er doch pflichtbewusst seinem Ruf und reist nach Süden. Am Hof von Königsmund fühlt sich Eddard von Anfang an nicht wohl: Er ist ein Mann der Tat, die intriganten Ränkespiele überfordern ihn. Bald findet Eddard heraus, dass die Kinder des Königs, Joffrey, Tommen und Myrcella, nicht dessen leibliche sind, sondern aus der inzestuösen Beziehung der Königin Cersei und ihrem Bruder Jamie stammen. Nach dem plötzlichen Tod des Königs – Cersei ließ ihn vergiften – wird Eddard wegen angeblichen Verrats an König Joffrey Baratheon gefangen genommen und später hingerichtet.

Vor der Bevölkerung von Königsmund im Beisein seiner beiden Töchter wird er vom Henker des irren Teenager-Königs Joffrey Baratheon geköpft. Millionen Zuschauer, die Ned Stark als Darling der ersten Staffel ausgemacht hatten, als Held der Serie, als sympathische Führungsfigur, bleiben ratlos zurück. Wenn nicht gar empört. Und verunsichert, denn wir alle merkten mal wieder: auch Gut sein schützt vor'm Scheitern nicht.

Mit dieser Szene wurde ein durchgehendes Prinzip der Serie *Game of Thrones* eingeführt: Hauptfiguren können sterben. Und zwar unerwartet. Und auch die guten. Es wird als Besonderheit der Serie verstanden, dass nicht nur unbedeutende Nebenfiguren das Zeitliche segnen, sondern auch zentrale Protagonisten. Auch vor der Enthauptung des Publikumslieblings Ned Stark schreckte die literarische Vorlage von George R. R. Martin nicht zurück. Dieser Einschnitt hat die Zuschauerschaft mehr getroffen als viele andere Serientode, denn Eddard hatte etwas Besonders: Diese Unmittelbarkeit, Verbindlichkeit und Echtheit. Menschen, die fest zu ihren Prinzipien stehen, auf die man sich verlassen kann, und die dabei noch authentisch und echt herüberkommen. Das findet man heutzutage selten in einem Zeitalter des verbreiteten Narzissmus, von dem beispielsweise Reality TV-Shows voll sind (Collins 2017), und noch seltener in der glatten Businesswelt, die in Serien wie *House of Cards* visuell widerhallen. Man mag Ned, man hat ihn zur Hauptfigur auserkoren, man will ihm folgen, und plötzlich, Schock, fehlt ihm der Kopf.

Diese Szene zeigt uns über das Motiv der Führung, dass auch gute Leader beziehungsweise authentische Führungspersonen auf der ganzen Linie scheitern können. Die so genannte „authentische Führung" als relativ junger und zuerst in den 1990er Jahren aufgetauchter Ansatz der Managementforschung beschreibt das Agieren im Einklang mit den persönlichen Werten, Motiven und Emotionen (Gardner et al. 2005). Authentische Führungspersonen wissen, wer sie sind, was sie denken und wie sie handeln, und werden von anderen als im Einklang mit ihren Werten wahrgenommen. Wer authentisch führt, folgt idealerweise seinem „true self" und eigenen Maßstäben für Integrität und allgemeingültigen moralischen Ansprüchen, was bei den Mitarbeitern die Bereitschaft stärkt, ebenfalls im Einklang mit den inneren und geteilten Werten zu handeln. Schon alleine beim Zusehen haben wir uns vielleicht alle noch ein Stück gradliniger aufgestellt und uns zumindest fest vorgenommen im Berufsalltag mal eine ganz ehrliche Ansage rauszuschleudern. Wir haben es dann nicht getan, denn wir ahnen schon, warum.

Was lief denn so fürchterlich falsch, wo Eddard Stark doch so authentisch ist und für sich selbst alles richtig gemacht hat? Man muss erkennen, Stark ist nicht *trotz* seiner Authentizität gescheitert, sondern wegen ihr. Lord Varys sagt einst zu ihm, er sei ein ehrlicher und ehrenhafter Mann: „Ich bin so wenigen davon in meinem Leben begegnet. Wenn ich sehe, was Ehrlichkeit und Ehre Euch gebracht haben, verstehe ich, wieso." (Martin 2011, S. 278) Eddard ist zwar *authentisch,* hat aber einige Bestandteile von guter authentischer *Führung* nicht umgesetzt. Dazu gehört die kritische Reflexion des eigenen Selbst einschließlich der eigenen Schwächen und das Verständnis von und die Beziehung zum jeweiligen Umfeld, in welchem die Person handeln muss (Gardner et al. 2011, S. 1142). Diese relationale Seite ist wesentlich für authentische Führung, wird aber oft übersehen, da man tendenziell annimmt, es ginge nur um die Attribute der Führungsperson. Der hier vertretene beziehungsorientierte Ansatz zeigt, dass es um die Interaktion zwischen den Menschen geht.

Authentische Attribute besitzt Eddard Stark ausgeprägt. Schon ganz am Anfang in der ersten Folge etablierte der Wächter des Nordens folgenden schweren Satz

„Der Mann, der das Urteil spricht, sollte auch selbst das Schwert schwingen."
(„He who passes the sentence should swing the sword."). Performativ umgesetzt
wird dieses Motto, als draußen im Norden ein junger Grenzer der Nachtwache
aufgegriffen und vorgeführt wird. Auf Desertieren steht die Todesstrafe und diese
vollzieht der Wächter des Nordens vor Ort eigenhändig (Abb. 1). Der junge Mann
weiß, dass er seinen Eid gebrochen hat, und erklärt dies mit dem schrecklichen
Anblick der weißen Wanderer, vor denen er seine Familie warnen wollte. Eddard
Stark hört sich ruhig die Sätze an und spricht respektvoll seine Worte, bevor er das
große Schwert schwingt (S01E01):

> In the name of Robert of the House Baratheon, First of His Name, King of the
> Andals and the First Men, Lord of the Seven Kingdoms, and Protector of the Realm,
> I, Eddard of the House Stark, Lord of Winterfell and Warden of the North, sentence
> you to die.

Zack rollt der Kopf, die Söhne Robb, Jon Snow und der kleine Brandon stehen einige Meter entfernt und sehen zu. Stark fragt das schockierte Kind Brandon im Nachhinein, ob er verstanden hätte, dass er als Urteilsverkünder das
Schwert schwingen müsse. Der Junge nickt und scheint begriffen zu haben, dass
diese Haltung bedeutet, nie leichtfertig über andere zu bestimmen, für die Entscheidung gerade zu stehen und einen Teil des Schmerzes mitzutragen. Weise

Abb. 1 Das Unangenehme selbst erledigen. Lord Eddard Stark ist hart, aber authentisch.
(GoT, S01E01, USA, 2011, HBO, YouTube)

Worte, die alle Stark-Söhne in späteren Episoden noch wiederholen, und die das Publikum als echt und ehrlich wahrnimmt. Gerade wenn Tötung durch die Mächtigen sonst oft immer wesentlich bequemer an Henker (Joffrey), monsterhafte Leibwächter (Cersei) oder Drachen (Daenerys) delegiert wird. Angenommen, wir würden ganz mittelalterlich fiktiv zum Tode verurteilt werden, wer würde da nicht Ned Stark als seine Exekutive wählen? Bei ihm als Anführer fühlt man sich auch generell besser aufgehoben. Als der stolze Wächter des Nordens am Ende dieser Staffel vom durchgedrehten Teenager-König Joffrey in Königsmund ganz spontan zum Tode verurteilt wird, und von dem stummen Scharfrichter Ser Ilyn Payn mit schwarzer Henkersmütze geköpft wird, könnte der Kontrast nicht größer sein.

Die filmische Umsetzung zeigt die Kontraste in einem großen Bogen von der Szene im Norden zu der Exekution im Süden: Im grauen Norden erscheint der stolze Ned, der Wolf, mit einer Rüstung aus Leder, Pelz und mächtigem Schwert auf einer grünen Anhöhe und spricht bedächtig das Urteil – im Süden findet er sich zerzaust im Lederrock, mit wackeliger Stimme sprechend auf einem Felsen wieder, die Farbgebung gelblich und braun, herausgerissen aus seinem natürlichen Umfeld, gescheitert, reduziert. Damals im Norden sah noch sein junger Sohn Brandon der Hinrichtung zu, als didaktische Maßnahme für ihn als zukünftigen Erben, um Pflicht und Ehre zu verstehen. Im Süden sieht seine kleine Tochter Arya zufällig aus der Menschenmasse heraus zu, wie ihr Vater enthauptet wird. Sie bleibt geschockt und schwer traumatisiert zurück. Arya wird über alle Folgen hinweg sich nie wieder jemandem im Vertrauen anschließen können, wird zur misstrauischen Killerin und Partisanin.

Das Publikum ist geschockt und selbst die Darsteller sind entsetzt (Vargas 2019). Die Stärke von Stark ist, sich als Filmfigur kongruent und damit „echt" zu verhalten, wobei authentische Führung nicht darin besteht, sich generell geradeheraus und ganz echt, auch mal dilettantisch, auszudrücken. Der eigene innere Zustand ist für Außenstehende nicht wahrnehmbar (Ladkin und Taylor 2010), also muss man nicht nur authentisch *sein,* sondern vielmehr auch so *erscheinen.* Diesen Gedanken hatte auch der Soziologe Erving Goffman (1959) in seiner Theorie des Impression Management ausgedrückt. Authentisches Führungsverhalten nimmt aber Abstand von ausgefeilten Techniken der Eindruckssteuerung, die geplant und eingeübt sind, wie etwa standardisierte Armbewegungen beim Sprechen, übertriebene Stimmmodulation und schauspielerhaftes Verhalten, das man von so manchen Politikern und Wirtschaftsbossen kennt.

Eddard Stark besticht vielmehr durch seinen dicken Akzent aus dem Norden, impulsive Körperlichkeit und einen Gesichtsausdruck, der seine Ablehnung bisweilen deutlich zeigt. Beispielsweise schubst er Petyr „Kleinfinger" („Littlefinger") Baelish, beim Vorschlag, sein Puff zu besuchen zur Seite, drückt ihn im

Würgegriff an die Wand und zischt bedrohlich „You're a funny man, eh. A veeery funny man". Er wittert ein unmoralisches Angebot, obwohl in diesem Fall seine Ehefrau Catelyn sich temporär im Etablissement versteckt hielt. Da schlagen die Herzen von Millionen TV-Zuschauern höher, die sich jeden Tag auf Arbeit einigermaßen gewählt auszudrücken versuchen, ihre Gesichtszüge beherrschen und sich des Öfteren ein nettes Lächeln herausquetschen müssen, auch wenn ihnen jemand mit dummen Vorschlägen kommt.

Trotz des echt erscheinenden Ausdrucks kam Ned Stark im Machtzentrum Königsmund im Süden nicht besonders gut an. Zunächst folgte er der Einladung des Königs Robert Baratheon, als dessen Hand zu agieren. Ehrenhaft füllt er diese Rolle aus, mit Sorgfalt und Gewissenhaftigkeit untersucht er den rätselhaften Unfalltod des Vorgängers in der Beraterfunktion, Jon Arryn. Doch schnell entsteht im Süden Reibung zwischen dem Mann aus dem Norden mit seinem authentischen Führungsstil und Auftreten und der dominierenden Lennister-Familie, die sich zwar auch im Einklang mit den eigenen Überzeugungen, doch eher weitab akzeptierter Moral befindet.

Hier lohnt es sich zunächst einmal, die ästhetische und sinnlich wahrnehmbare Ebene zu betrachten, wie die Sprache. Ned wird in der englischen Originalversion mit starker nordenglischer Aussprache dargestellt. Englische Dialekte werden generell für Fantasy-Verfilmungen benutzt, und man kann Westeros durchgehend als die soziolinguistische Repräsentation von Großbritannien sehen. Dabei grenzt sich das Nordenglische stark von der geschliffenen Aussprache der so genannten „Received Pronounciation" ab, die vom Süden und von der (oberen) Mittelklasse und Oberschicht einschließlich des britischen Königshauses gesprochen wird. In Königsmund ist Eddard von der Sprachmelodie komplett isoliert von den Prestige Accents, dem Oberklasse-Englisch der Lennister-Familie, von Varys, Petyr Baelish und den anderen Akteuren. Hier lässt sich akustisch die Abgrenzung von Stark als Fremdkörper im System erfahren – später wird Cersei ihn noch darauf hinweisen, er möge besser heimgehen, „The South doesn't seem to agree with you". Die soziale Elite von Königsmund spricht gehoben und verhält sich komplett anders. Sie sieht auch anders aus und kleidet sich gepflegter, während Eddard bei seinen groben Kleidungsstücken und der Zopffrisur bleibt, die schon beim Einreiten in Kings Landing negativ aufgefallen sind. Nach der Begrüßung der Wagenkolonne aus Winterfell wird Stark von einem Vertreter des Hofes zur Ratssitzung eingeladen, mit dem Hinweis, er hätte noch Zeit sich umzuziehen: „If you'd like to change into something more appropriate?" (S01E03). Der Mann aus dem Norden schenkt ihm einen grimmigen Blick, zieht lediglich seine ledernen Reithandschuhe aus und schreitet wie er ist Richtung Thronsaal, in dem er den herauspolierten Jamie Lennister in goldener Rüstung antrifft.

Bei der Sprache ist die einzige Ausnahme König Robert (gespielt von Mark Addy), der im breiten Nordenglisch unzivilisiert und unbedacht als Säufer und Vielfraß mit einem kaum gezügelten animalischen Sexualtrieb daherkommt. Formell hält er als König den höchsten sozialen Status, aber seine Position als Außenseiter ist ihm selbst bewusst, als er zu Ned sagt: „I swear to you, I was never so alive as when I was winning this throne, or so dead as now that I've won it." Robert kann nicht am politischen Hofleben teilnehmen, sein Akzent verstärkt das Gefühl, dass ihm sowohl das Gespür als auch die Fähigkeiten fehlen, in diesem Umfeld effizient zu führen. So hat er sich auf Jagen, Saufen und Prostituierte zurückgezogen.

Beide Männer aus dem Norden tragen nicht nur die Zopffrisur, sondern sprechen mit einem nicht-rotischen Akzent wie alle Engländer, drücken also den Buchstaben r nicht aus, im Gegensatz zu Amerikanern, die alle r besonders am Wortende stark betonen (Beispielsweise das Wort „car" im Englischen als [kɑː] und amerikanisch [kɑɹ]). Das Nordenglische als Variation einer typischen Standardsprache (Durrell 1999) grenzt sich vom Südenglischen, beziehungsweise der Standard- oder Bildungssprache Received Pronounciation, durch einige Elemente ab. So fehlt der „foot-strut split" im Nordenglischen, sodass „cut" [kʌt] und „put" [pʊt] sich reimen und beide mit [ʊ] gesprochen werden (also: [cʊt] und [pʊt]). Die berühmte Prase: Winter is „coming [kʌmin]" lautet „winteris [cʊmin]". Es gibt auch Varianten von „book" nicht als [bʊk] sondern [buːk] oder gar „look" als [luːk]. So wird vom Nordenglischen auch als „Oop North" [ʊp nɔːθ] gesprochen. Die Figur Jon Snow ist nicht [joːn snəʊ], sondern wird zu etwas wie [jʊn snɔː]. Auch ist im Nordenglischen der so genannte „trap-bath split" nicht vorhanden, sodass „bath" sich nicht anhört wie [bɑːθ], sondern wie [bæθ], und das viel gebrauchte Wort „bastard" [bɑːstəd] wird zu [bæstəd]. Das wird in der Originalversion von *Game of Thrones* sehr deutlich umgesetzt, wobei sich gerade die Männer aus dem Norden stark von den anderen abheben. Auch in den sozialen Netzwerken haben diese Feinheiten gerade bei den akzentfixierten Sprechern von britischem und amerikanischem Englisch Aufmerksamkeit auf sich gezogen, und mit YouTube-Tutorials kann sich der Zuschauer sozusagen [ʊp təʊ/spiːd/] „up to speed" bringen (Abb. 2).

Dialekte werde in Produkten populärer Kultur wie in Film und Fernsehen eingesetzt, um eine symbolische Funktion zu erfüllen: es zeigt den regionalen und sozialen Hintergrund des Sprechers, politische Dimensionen und das soziale Geschlecht (Lippi-Green 2012). Das Nordenglische betont bestimmte Charakterzüge, bei Ned und Robert verweist es auf Maskulinität durch Stereotype wie militärische Erfolge und Dominanz und durch den unverfälschten Bezug zum lokalen Ursprung auf Unmittelbarkeit und Ehrlichkeit. Im Dialog mit Jamie Lennister

Abb. 2 Die Sprache ist ein zentrales Führungsinstrument und gehört zur sozialen Interaktion dazu. („The Jon Snow Accent! Game of Thrones Accents Tutorial", Learn English
with Papa Teach Me, YouTube https://www.youtube.com/watch?v=0Eu2w5X6w0w)

(S01E03) zeigt sich dieser Kontrast sehr stark, die echte, direkte Art aus dem
Norden und die selbstbewusste Arroganz des Südens. Die beiden treffen im hoch-
symbolischen Ort des Thronsaals aufeinander, wo Jamie (gespielt von Nikolaj
Coster-Waldau) neben dem Eisernen Thron sitzt.

Jaime: Thank the gods you're here, Stark. About time we had some stern
           Northern leadership.
Eddard: Glad to see you're protecting the throne.
Jaime: Sturdy old thing. How many kings' asses have polished it, I wonder?
           What's the line? The King shits and the Hand wipes.
Eddard: Very handsome armor. Not a scratch on it.
Jaime: I know. People have been swinging at me for years, but they always
           seem to miss.
Eddard: You've chosen your opponents wisely then.
Jaime: (…) And later… When I watched the Mad King die, I remembered
           him laughing as your father burned… It felt like justice.
Eddard: Is that what you tell yourself at night? You're a servant of justice? That
           you were avenging my father when you shoved your sword in Aerys
           Targaryen's back?

Jaime: Tell me… If I'd stabbed the Mad King in the belly instead of the back, would you admire me more?

Eddard: You served him well when serving was safe.

Die in der Originalversion mit Dialekt gespielte Szene verdeutlicht, wie Menschen aus dem Norden (ernsthaft, derb) und dem Süden (fein, hochnäsig, hinterhältig) einander einschätzen, und wie Persönlichkeitsattribute und Haltungen aufgrund des Aussehens (polierte Rüstung) und der lokal gefärbten Sprache zugeschrieben werden. Auch auf der bloßen Textebene wird der Unterschied im Gerechtigkeitsempfinden und in Bezug auf Vorstellungen von Moral und Integrität deutlich. Jamie gilt gerade im Norden als „Königsmörder" („Kingslayer"), denn er erdolchte den wahnsinnig gewordenen Aerys Targaryen. Auch wenn er seine Gründe dargelegt und für bestimmte Sichtweisen moralisch gehandelt hat, gilt im Norden: Sowas tut man einfach nicht als Vertrauensperson, basta.

Authentische Führung, die aus dem „wahren Selbst" einer Person entspringt, wird laut Leadership-Forschung als authentisch wahrgenommen, wenn sie entsprechend „verkörpert" wird (Ladkin und Taylor 2010). Die bloße Verkörperung gelingt Eddard Stark äußerst überzeugend, allerdings ist die Figur wenig überzeugend auf dem Hin und Her der Beziehungsebene. Eine authentische Führungsperson sollte ihre ästhetische Wahrnehmung einsetzen, um auf sinnlich wahrnehmbare Zeichen der anderen zu achten und auf sie einzugehen. Dieser somatische Sinn für die Situation und die anderen führt gemeinhin zu einer authentischeren Interaktion, die Führungsperson wird als „echt" wahrgenommen. Das bedeutet, dass Politiker mal ein Tränchen fließen lassen dürfen und Manager Emotionen wie Enttäuschung und Freude zeigen dürfen, geraden in Krisensituationen (Herd und Biehl-Missal 2016), wenn es ihnen von der Situation und Atmosphäre her passend erscheint. Die Forderung nach ästhetischer Kompetenz bei Führungspersonen wird in der Organisationsforschung zunehmend gestellt, denn gerade im heutigen Zeitalter prägen sinnlich wahrgenommene und emotionale Faktoren neben aller scheinbaren Rationalität das Wirtschaftsleben (Biehl-Missal 2011).

Der Beziehungsaspekt beginnt dort, wo authentische Leader oft nicht als echt wahrgenommen werden, weil die jeweilige Bezugsgruppe das Verhalten als nicht führungsadäquat wahrnimmt. Ned Stark erscheint im Norden so, wie ein Anführer aussehen muss, im Süden wirkt er lediglich unzivilisiert, unkultiviert und grob. Es geht vielmehr darum, ein ästhetisches Verständnis der Gruppe aufzubauen und deren Identität verstehen zu können, um sich entsprechend auszudrücken. Es ist schwierig, die Darstellung des „echten Selbst" an die Bezugsgruppe anzupassen und es ist mit Unsicherheiten und Verletzungsgefahr für den Akteur verbunden. Bei der Vermittlung authentischer Führung muss die Person auch in das Gegenüber hineinhören und -fühlen, um einschätzen zu können, wie sie selbst ankommt. Dieser Perspektivenwechsel fällt Stark schwer.

Dieser Ansatz geht weg von der essentialistischen Sicht, die auf das wahre innere Selbst setzt, hin zu einer interaktionistischen Sicht oder relationalen Sicht auf Führung (Uhl-Bien et al. 2014). Diese betont, dass die Konstruktion des Selbst ein Prozess in der Interaktion und im Austausch mit anderen ist, durch Erzählung, Sprache und Handeln. Es geht also nicht darum, nur in sich selbst hineinzuhören, sondern mit anderen zu interagieren und dabei seine eigene Position zu finden. Hier hätte Eddard Stark sozusagen seine sinnliche und ästhetische Kompetenz benutzen sollen und mehr auf das Gegenüber hören können, den kalten Widerhall seiner Haltung nicht abblocken, sondern sich in ihm einfühlen müssen. „Kleinfinger", der sich mit seinen Antennen für Stimmungen über viele Staffeln hinwegrettete, warnte ihn einst explizit: „You wear your honor like a suit of armor, Stark. You think it keeps you safe, but all it does is weigh you down and make it hard for you to move." Der Idealismus schirmt ihn ab. Es ist ihm unmöglich, wahrzunehmen, was in seiner Beziehung zu anderen vor sich geht, und er kann sich auch nicht auf andere zubewegen.

Als Hand des Königs führt Eddard Stark das Tagesgeschäft, während Robert Baratheon seinen Gelüsten nach Wein, Weib und Wildscheinjagd nachgeht. Dabei handelt Ned aber nicht als Vertreter des Königs, sondern als Idealist mit einem unverrückbaren Wertesystem. Was er nicht versteht, ist, dass es in der alltäglichen Realität oftmals notwendig ist, Ideale zu verletzen, um den Staat an sich zu schützen. Diese Ideen finden wir in Niccolò Machiavellis (2008) Schriften wie *Il Principe*. Die Authentizität Starks führt dazu, dass er oft genau das tut, was Machiavelli nicht geraten hätte.

So erhält einst der königliche Rat die Nachricht, dass Daenerys Targaryen, im Exil lebende direkte Abkömmling von Aegon dem Eroberer, den mächtigen Dothraki-Herrscher Khal Drogo geheiratet hat und schwanger ist. Ihr zukünftiger Sohn mit der militärischen Macht des Dothraki-Reiterheeres wäre eine direkte Gefahr für den Thron. Robert und der königliche Rat beschließen, dass sie sterben muss und wollen sie ermorden lassen. Eddard ist entsetzt, denn die Ermordung einer Einzelperson verletzt grundlegende Ideale, auf denen sich auch ein Staat begründet und ebenso moralische Werte. Robert widerspricht und fordert ihn heraus. „Do you think it is honour that is keeping the peace? It's fear. Fear and blood" (S01E05). Aus Robert spricht deutlich Machiavellis Rat: Es geht um das Reich, die Herrschaft, und da müssen Kategorien wie Gut und Böse zurücktreten hinter taugliche und untaugliche Mittel. Verwerflich in dieser Sicht ist dann nur, sich nicht entscheiden zu können, während Grausamkeit legitim ist, sofern sie das große Ganze schützt. De facto ist Furcht auch der Wertschätzung als Herrschaftsmethode vorzuziehen. Liebe und Wertschätzung im Volk aufzubauen dauert lange und sie kann schnell und auch für immer verloren gehen. Furcht aufzubauen hingegen geht ganz schnell und sollte die Furcht einmal abflauen, lässt sie sich mit gut dosierten Grausamkeiten sofort wieder hervorrufen.

Die Überlegung, den Staat zu schützen, entziehen sich Ned, der einerseits praktische Überlegungen vorschiebt (die Dothraki könnten nicht über die schwarze See fahren), aber vor allem nicht die Schuld auf sich laden möchte, einer schwangeren Teenagerin heimtückisch das Leben zu nehmen. Der „honourable fool", so Robert, sieht nicht in die Zukunft, in der sie ein mächtiges Heer anführen und Tausende auf ihrem Weg zum Thron töten könnte. So ist sein Idealismus auch eine Gefahr für den Staat und alle anderen.

Auch Bedrohungen, die nicht in der Zukunft und weit entfernt im Land der Dothraki, sondern direkt vor seiner Nase liegen, erkennt Stark durch seinen Schutzschild aus Idealismus nicht. Die Lennister-Familie hat bereits inzestuöse Kinder als Thronerben in Stellung gebracht, den Königsmörder Jamie als Chef der Leibwache platziert, und auch sonst fragwürdige Loyalität an den Tag gelegt. Der letzte Schritt ist, Robert vergifteten Wein zu überreichen, um einen Jagdunfall zu provozieren, an dessen Folgen er zeitnah stirbt.

Erste Vorgespräche mit der unterkühlten Cersei hätten Eddard bereits darauf hinweisen können, dass ihre Loyalität ihre Grenzen hat und sein authentisches Vertrauen in Cerseis Ergebenheit dem Königreich gegenüber nicht rational begründet werden kann. Die moralischen Werte Eddards sind nicht Cerseis. Bei ihr stehen die eigene Macht und ihre Familie auf der Rangliste ganz oben. Eine Führungsperson muss erkennen, dass andere Personen andere Werte haben, und mit ihnen umgehen. In einer Unterredung im Garten von Königsmund konfrontiert Eddard die Königin mit der illegitimen Abstammung ihrer Kinder – aus Mitleid und Gnade, wie er später sagt, wobei er Cersei aber unwillentlich einen strategischen Vorteil verschafft. Recht unbeeindruckt, kalt und klar, mit glatten Gesichtszügen antwortet Cersei auf die Enthüllung mit ihrer Geschichte der fortwährenden Respektlosigkeit und Erniedrigung durch Robert, einschließlich, dass er sie betrunken in der Hochzeitsnacht mit dem Namen seiner toten Geliebten Lyanna, Eddards Schwester, ansprach. Was für ein Horror! Jeder Mensch hätte sich hier etwas Empathie gewünscht und Fragen wie: „Wie fühlst Du dich, wie hat dich das beeinflusst, wie gehst Du damit um?" Man stelle sich einmal vor, welche Wogen diese Enthüllung im handelsüblichen Reality-TV geschlagen hätte. Die *Real Housewives* hätten mit dem Thema und der öffentlichwirksamen Erörterung ihrer Empfindungen (Collins 2017) mindestens eine halbe Staffel zu tun gehabt. Nicht so Eddard, bei ihm geht Pflichtbewusstsein vor Gefühl, da gibt es nichts zu bereden. Wenn mächtige Männer betrunken falsche Namen beim Sex nennen oder uneheliche Bastarde zeugen ist das qua Status deren gutes Recht und keine Gefühlssache. Basta. Der Mann aus dem Norden ist der „strong silent type", der als populärkulturelle Trope in den Medien zirkuliert. So hatte auch Mafiaboss Tony von *The Sopranos* die Persona Gary Cooper als nicht gefühlsorientiertes, sondern starkes und entschlossenes Vorbild regelmäßig herausgehoben („The Sopranos: Gary Cooper Compilation 2019") – obwohl er selbst wie andere Serienhelden auch an diesem Männerklischee verzweifelte und scheiterte.

Stark und ungesprächig, wie Ned nun ist, kündigt er Cersei ohne große Umschweife an, Robert zu unterrichten und bietet ihr aber an, rechtzeitig zu flüchten und ihr Leben zu retten. Dies quittiert Cersei mit dem berühmten Bonmot: „When you play the game of Thrones, you win or you die. There is no middle ground." (S01E07). Hier trifft politischer Realismus auf Idealismus. Die eigentliche Bedeutung: „Ich bringe Dich zur Strecke und werde meine Macht erhalten", entzieht sich Eddard als tugendhafter Person, die sich wieder wie ein „ehrenhafter Narr" verhält, nur moralische und ehrliche Handlungen in Erwägung zieht und als Typus der Tugendethik blind gegenüber Cersei's Egoismus ist. „Der Mensch ist dem Menschen ein Wolf" und ironischerweise ist der Mann, dessen Banner den Wolf zeigt, als einziger dem anderen Menschen kein Wolf. Auch liegt Cersei falsch, denn erfolgreiche Führung hängt nicht an einer Einzelperson, die gewinnt oder verliert, sondern entfaltet sich üblicherweise in diesen Mittelwegen und Kompromissen zwischen Leadern und Followern – wie es das Konzept der relationalen Führung ausdrückt.

Von seiner Jagd kehrt König Robert schwerverletzt zurück und stirbt wenig später, und mit ihm die Loyalität Cerseis. Diese war nicht authentisch und kam nicht aus dem inneren Selbst, sondern wurde nur eingehalten, weil Konsequenzen bei Nichteinhaltung befürchtet wurden – eine klassische Art zu handeln, die auch Thomas Hobbes im Leviathan beschreibt. Mit Roberts Tod sind Konsequenzen hinfällig und Eddards Naivität wird deutlich: Cersei zerreißt bei einer Versammlung im Thronsaal den letzten Willen und platziert ihren Sohn Joffrey auf dem Thron: „Is this your shield, Lord Stark? A piece of paper." Die Rüstung aus Ehre, in deren Inneren das ehrliche Herz Eddards schlägt, hat ihn wieder nur einmal mehr von der Umwelt abgeschirmt und ihn daran gehindert, den kalten Wind zu fühlen, der ihm entgegenschlägt. Der Mann aus dem Norden wird festgenommen und in den Kerker geworfen (Abb. 3). Abgesehen von der fehlenden empathischen Wahrnehmung für andere hat Eddard auch nicht logisch durchdacht, was mit der Lennister-Familie passieren sollt, die sicherlich nicht freiwillig

Abb. 3 Wie bitte? Der Thron ist schon wieder besetzt, obwohl es doch anders abgemacht war? Das hat Ned Stark nicht kommen sehen. (GoT, S01E07, USA, 2011, HBO, YouTube)

ins Exil gehen würde (Cersei sprach von einem „bitter cup to drink of"), und ob Roberts Brüder Renly oder Stannis Baratheon den Thron besteigen. Seine Authentizität brachte nicht nur ihm selbst den Tod, sondern das gesamte Königreich an den Rand eines Bürgerkriegs.

Grundvoraussetzung für wirksame Führung ist, sich in bestimmte Kontexte hinein zu denken jenseits des Status quo. Ist das nicht paradox bei authentischer Führung? Wie kann man echt reagieren in einer Situation, die man noch nicht erlebt hat? Es muss es kein Widerspruch sein, auf neue Entwicklungen authentisch zu reagieren. Die Leadership-Forschung spricht hier vom „magischen Wenn" („magic if", Ladkin und Taylor 2010): Die Führungsperson fälscht nicht die Situation durch eingeübte Satz- und Handlungsbausteine und Strategien der Eindruckssteuerung, sondern spielt Situationen vorher durch, versetzt sich explizit in die Gefühlslage der anderen, und verhandelt daran seine eigenen Gefühle. Ihre Gefühlslage hatte Cersei im Garten inhaltlich und ästhetisch in ihrer Kälte vermittelt. Sie ist kein Buch mit sieben Siegeln – wie kaum jemand, denn nach Merleau-Ponty (1962) sind wir alle ganz ursprünglich ausdrucksfähig und agieren mit anderen über unsere körperliche, ästhetische Wahrnehmung ohne ein verstecktes Selbst, das völlig isoliert von anderen existiert.

Ned aber, als durch und durch tugendhafter Kerl, verschanzte sich ganz unabsichtlich hinter seiner Rüstung aus Ehre von Moralvorstellungen und war blind für das Böse. Eine Beziehung zu der anderen Person kam nicht wirklich zustande. Als Beispiel für die Tugendethik bleibt er immer ganz authentisch – auch wenn er am Schluss, als er vor dem versammelten Volk und dem Henker steht, im eigenen Wertekonflikt von Ehrenhaftigkeit und Familienliebe seinen vermeintlichen Verrat schlecht lügend zugibt, um seine Töchter zu retten. Mit dem moralischen Wahnsinn Joffreys, der ihn dann trotzdem köpfen lässt, hatte er nun gar nicht gerechnet. Authentische Führung hängt eben nicht nur am Wesen des Leaders, sondern ist relational und entsteht in der Beziehung zu anderen. Authentische Führung beinhaltet nicht nur, bei sich zu sein und dies auszudrücken, sondern auch, bei den anderen zu sein, deren Werte zu kennen und richtig einschätzen zu können. Mit der Erörterung dieses Prinzips hat uns Game of Thrones eine Staffel lang in Atem gehalten.

In den darauffolgenden Staffeln werden andere demontiert, aber die Hoffnung auf Authentizität mag man nach dem intensiven ersten Kapitel nicht aufgeben. Das globale Publikum setzt also zunächst auf Neds Erben, den ältesten Sohn Robb. Von dem jungen Wolf, dem Prinzen, dem Gutaussehenden, mag man sich familiäre Ehrlichkeit erhoffen, nördliche Gradlinigkeit und Haltung, die vielleicht im bösen Süden Rache üben kann für den zu Unrecht hingerichteten Ned Stark. So vielversprechend Robb Stark aber auch aussieht, so schwierig gestaltet sich seine Geschichte jedoch. Wer auf ihn als Neds Erstgeborenen setzt, liegt nicht richtig, und muss qualvoll zusehen beim tiefen und besonders blutigen weiteren Fall des Hauses Stark.

Literatur

Biehl-Missal, B. (2011). *Wirtschaftsästhetik. Wie Unternehmen die Kunst als Inspiration und Werkzeug nutzen.* Wiesbaden: Gabler.

Collins, M. (2017). *The new narcissus in the age of reality television.* New York: Routledge.

Durrell, M. (1999). Standardsprache in England und Deutschland. *Zeitschrift für germanistische Linguistik, 27*(3), 285–308.

Gardner, W. L., Avolio, B. J., Luthans, F., May, D. R., & Walumbwa, F. (2005). "Can you see the real me?" A self-based model of authentic leader and follower development. *The Leadership Quarterly, 16*(3), 343–372.

Gardner, W. L., Cogliser, C. C., Davis, K. M., & Dickens, M. P. (2011). Authentic leadership: A review of the literature and research agenda. *The Leadership Quarterly, 22*(6), 1120–1145.

Goffman, E. (1959). *The presentation of self in everyday life.* New York: Doubleday.

Herd, N., & Biehl-Missal, B. (2016). Das Gesicht der Krise: Die Inszenierung von CEOs beim Germanwings-Unglück. *Kommunikationsmanagement, 2.74,* 1–27. (Losebl. Neuwied 2001 ff., Hrsg. v. Bentele, G./ Piwinger, M./ Schönborn, G.).

Ladkin, D., & Taylor, S. (2010). Enacting the ‚true self': Towards a theory of embodied authentic leadership. *Leadership Quarterly, 21*(1), 64–74.

Lippi-Green, R. (2012). *English With an Accent*. New York: Routledge.

Machiavelli, N. (2008). *The Prince* (übers. v. Atkinson, J.). Indianapolis: Hackett Publishing.

Martin, G. R. R. (2011). *Das Lied von Eis und Feuer 04: Die Saat des goldenen Löwen*. München: Blanvalet Taschenbuch Verlag.

Merleau-Ponty, M. (1962). *Phenomenology of perception*. London: Routledge.

Uhl-Bien, M., Riggio, R., Lowe, K., & Carsten, M. (2014). Followership theory: A review and a research agenda. *The Leadership Quarterly, 25*(1), 83–104.

The Sopranos: Gary Cooper Compilation. (2019). https://www.youtube.com/watch?v=yMqo-VxR_mA. Zugegriffen: 1. Aug. 2019.

Vargas, A. (2019). Sophie Turner's reaction to Ned Stark's death on ‚Game of Thrones' was probably so similar to yours. *Bustle*. https://www.bustle.com/p/sophie-turners-reaction-to-ned-starks-death-on-game-of-thrones-was-probably-so-similar-to-yours-17019738. Zugegriffen: 1. Aug. 2019.

Kapital (Robb und Catelyn Stark, Petyr Baelish)

3

Zusammenfassung

Das Duo Robb und Catelyn Stark, Sohn und Mutter, setzt konsequent alle ihnen zur Verfügung stehenden Ressourcen ein. Diese sind Formen des Kapitals und beinhalten soziale Beziehungen, den Ruf und finanzielle Mittel – die anderen wie dem Emporkömmling Petyr „Kleinfinger" Baelish beileibe nicht im selben Ausmaß zur Verfügung stehen. Privilegien und Überheblichkeit führen schließlich zum blutigen Gemetzel auf der Roten Hochzeit, während Kleinfinger kalkuliert vorgeht und Chaos als eine Leiter betrachtet.

Schlüsselwörter

Kulturelles Kapital · Soziales Kapital · Symbolisches Kapital · Privilegien · Mutterrolle

Das Duo Robb (gespielt von Richard Madden) und Catelyn Stark (gespielt von Michelle Fairley), Sohn und Mutter, setzt nach dem Abgang des Lord Stark im Kampf um den Eisernen Thron konsequent alle ihnen zur Verfügung stehenden Ressourcen ein. Diese sind Formen des Kapitals und beinhalten auch soziale Beziehungen, den Ruf und finanzielle Mittel – die anderen wie dem Emporkömmling Petyr „Kleinfinger" Baelish beileibe nicht im selben Ausmaß zur Verfügung stehen.

Zunächst einmal vertritt dieses Führungsduo das renommierte und gut vernetzte Haus Stark. Catelyn Stark, geboren in das Haus Tully von Schnellwasser, ist mit Eddard Stark verheiratet und Mutter der gemeinsamen fünf Kinder Robb, Sansa, Arya, Brandon und Rickon, sowie Stiefmutter von Jon Snow, zunächst der

© Springer Fachmedien Wiesbaden GmbH, ein Teil von Springer Nature 2020
B. Biehl, *Leadership in Game of Thrones,* Serienkulturen: Analyse – Kritik – Bedeutung, https://doi.org/10.1007/978-3-658-29301-7_3

vermeintlich außerehelich gezeugte Sohn von Eddard. Als archetypische Mutter setzt sich Catelyn besonders für ihre Kinder ein. Nach einem Attentat auf ihren jungen Sohn Brandon gelingt es ihr, Tyrion Lennister als Mitglied der in die Sache involvierten Königsfamilie gefangen zu nehmen und ihn als Geisel zu ihrer Schwester ins Grüne Tal zu bringen. Sie reist mit dem ältesten Sohn Robb in den Krieg, um seinen Vater, Lord Eddard Stark, aus Königsmund zu befreien. Robb fällt in die von Lennister-Truppen besetzten Flusslande ein und wird, nachdem Eddard unter dem Vorwand des Verrats auf Befehl von König Joffrey hingerichtet wurde, von seinen Getreuen zum König des Nordens ausgerufen. Der Norden erklärt sich im Verbund mit den Flusslanden zu einem souveränen Königreich, das nicht mehr der Herrschaft des Eisernen Thrones untersteht. Um mit seinem Heer ziehen zu können, geht Robb Stark einen Pakt mit Walder Frey, Lord vom Kreuzweg, ein, und verpflichtet sich, nach dem Krieg eine seiner Töchter zu hei-raten. Dieses Versprechen bricht er und heiratet stattdessen eine schöne Frau, die er zwischendurch kennen und lieben gelernt hatte, Talisa Maegyr. Dieser Bruch des Versprechens führt zu Rache, und Robb und Catelyn Stark werden auf einer Hochzeitsfeier seines stellvertretenden Cousins mit einer Frey-Tochter in der Brückenburg verraten und von Walder Frey und Roose Bolton, die sich mit den Lennisters verbündet hatten, auf der Roten Hochzeit gegen Ende der dritten Staf-fel blutig ermordet.

Auf der sozialen Ebene agiert vor allem Catelyn als die archetypische Mut-ter, die alles Erdenkliche tut, um ihren geliebten Sohn zu unterstützen und sozu-sagen als „Mama Schattenwolf" ihre anderen Kinder Sansa, Arya, Brandon und Rickon Stark zu schützen. Sie ist stark geworden in ihrer weiblichen Rolle in Westeros' Patriarchat und zeigt klassische mütterliche Leadership-Fähigkeiten: andere unterstützen und ermutigen. Es ergeht ihr aber wie vielen Müttern dieser Erde, wenn ihr guter Rat im Endeffekt abgetan und zurückgewiesen wird von einem der es besser weiß: der eigene Sohn und „Sohn vom Chef", als welcher der Typus Robb Stark vielen Menschen bekannt vorkommt. Robb vertritt den privilegierten, weißen, heterosexuellen Man, der ohne eigene Leistung erlangte Vorteile in seine Führungsrolle einbringt, und weich auf verschiedensten Formen des Kapitals von Abstammung bis zum Aussehen ruht. Er ist Erbe von Winterfell, eingebettet in die Familiengeschichte, unterstützt von Gefolgsleuten und finan-ziellen Mitteln zur Kriegsführung. Robbs Laufbahn als König des Nordens schei-tert trotzdem erbärmlich und endet in einem der denkwürdigsten Episodenenden der TV-Geschichte, dem Massengemetzel der Roten Hochzeit. Im Folgenden werde ich in Bezug auf den Umgang mit vorhandenen Ressourcen die Leadership-Bemühungen von Robb und seiner Mutter Catelyn diskutieren und mit Petyr Baelish vergleichen.

Bei erfolgreicher Führung geht es nicht nur um die zentrale Person an sich und ihre Eigenschaften und Privilegien, sondern um den sozialen, kulturellen und symbolischen Kontext, in dem Führung praktiziert und konstruiert wird. Hier lassen sich verschiedene Formen des Kapitals anwenden, die der französische Soziologe Pierre Bourdieu (1983) identifiziert hat, und die Führung und Folgen beeinflussen. Der Zugang zu ökonomischem, sozialem und kulturellem Kapital ist nicht für alle Menschen gleich und das Kapital ist sehr unterschiedlich verteilt – und damit auch die Chancen für Erfolg oder Misserfolg von Führung. Diese Formen von Kapital sind stark relational, denn sie beinhalten soziale und ökonomische Verpflichtungen, Identifikation und Gegenseitigkeit, spannen also einen Leadership-Kontext auf, in dem Menschen interagieren.

Robb Stark hat zunächst, abgesehen davon, dass sein Vater gerade recht würdelos in Königsmund enthauptet wurde, eine gute Ausgangsposition für die Führungskarriere. Als ältester Sohn und Nachfolger in der Führung von Winterfell steht ihm ausreichend *ökonomisches Kapital* im Sinne von finanziellen Ressourcen und Vermögen zur Verfügung. Dieser Vorteil macht es möglich, militärisch zu agieren und autonom zu leben – ganz anders als das in der Serie kaum personalisierte und hauptsächlich gesichtslose Volk der sieben Königreiche, quasi die „99 Prozent" des Fantasy-Mittelalters.

Soziales Kapital steht Robb ebenfalls im ausgeprägten Maße zur Verfügung: Als Stark ist er tief im Norden verankert und überall bekannt und anerkannt, sein Haus verfügt über vielfältige institutionalisierte Beziehungen und Abhängigkeiten, die durch geschworene Eide gefestigt sind. Mit Rat und Tat stehen ihm mehrere Menschen zu Seite, vor allem seine erfahrene und politisch gewitzte Mutter, die als beispielhafte „Mom" (O-Ton Robb) nie ihrer Liebe und Unterstützung müde wird, egal welche Dummheiten der Sohnemann mal wieder gemacht hat.

Beim *kulturellen Kapital* sieht es zunächst auch gut aus: Kulturelles Kapital nach Bourdieu umfasst, was schon durch die Familie (Stichwort „Bildungshintergrund") weitergegeben wird (inkorporiertes Kulturkapital), sowie erworbene Titel und Stellen (institutionalisiertes Kulturkapital) und den Besitz kultureller Güter (objektiviertes Kulturkapital). Kulturelle Güter wie Schloss Winterfell, der Götterbaum und die Familiengruft befinden sich in Robbs Besitz. Zum inkorporierten Kulturkapital gehört das durch Erziehung erworbene Benehmen, die Kenntnis von Kriegsführung und das Bildungswissen über die Machtbeziehungen im Norden. Als erstgeborener Sohn hält Robb verschiedenste Titel als institutionalisiertes Kulturkapital, die sich – nicht zuletzt aufgrund des angesammelten Kapitals – noch erweitern und den „König des Nordens" einschließen.

Dieser Titel lässt sich als *symbolisches Kapital* einordnen, welches aus dem kulturellen, sozialen und ökonomischen Kapital entsteht und Reputation, Renommee oder Prestige verleiht. Nicht zuletzt führt die Entwicklung dazu, dass alle Lords vor ihm als Erstgeborenem des Hauses Stark knien. Das Volk gibt seine Macht als soziales und symbolisches Kapital in der mittelalterlichen Fantasy-Monarchie völlig ab, ganz nach Thomas Hobbes' (2009) Theorien des sozialen Kontrakts. Die Ernennung zum König des Nordens zeigt dies deutlich: Robb erhält diese Position der Autorität, weil die Bannermänner ihn im Gegensatz zum König im Süden als den einzig Folgenswerten identifizieren, gemeinsam vor ihm knien, und ihn damit in der Haupthalle des Schlosses Winterfell bestimmen. Ein Akt des Unbestimmens oder Abwählens ist hier nicht vorgesehen, sondern wäre ehrloser Eidesbruch. Dieses symbolische Kapital, einst angesammelt, hält bis zum Lebensende. Diesen Weg zum Ende geht der junge König ziemlich zügig. Im Verlauf der zweiten und dritten Staffel sehen die Zuschauer, dass Robb Stark Werte und Ansprüche selbst nicht verkörpern kann, sondern sich im privilegierten Übermut zu viel herausnimmt.

Verdeutlichend lässt sich dem Typus Robb der Ehrgeizling und Emporkömmling Petyr „Kleinfinger" Baelish gegenüberstellen: Ohne nennenswertes finanzielles Kapital ausgestattet und als Mündel im Hause Schnellwasser aufgewachsen fing „Kleinfinger" an, sich mühsam als Schatzmeister und Puffbesitzer soziales Kapital über Gefälligkeiten und Hilfestellungen aufzubauen und seinen Weg durch die Politik am Hof in Königsmund mit kleinen Schritten zu gehen. Sein Motto ist der vielzitierte Ausspruch „Chaos ist eine Leiter" („Chaos is a ladder"). Dieser fällt gegenüber dem königlichen Berater Varys in einem Gespräch über das Königreich. Varys geht es um die Beständigkeit des Reichs und um unstabiles Chaos zu vermeiden, billigt er die üblichen Geschichtsfälschungen von Herrschern, die eine oder andere moralische Ungerechtigkeit und auch soziale Benachteiligung. Nicht so Petyr (S03E06):

> Chaos ist kein Abgrund. Chaos ist eine Leiter. Viele, die versuchen sie zu erklimmen, scheitern und dürfen es nie wieder versuchen. Sie zerbrechen an ihrem Sturz. Und manchen wird die Gelegenheit geboten sie zu erklimmen, doch sie weigern sich. Sie klammern sich an's Reich, oder an die Götter, oder an Liebe. Illusionen. Nur die Leiter ist echt. Der Aufstieg ist alles.

Nur wenn die Ordnung wankt und verschiedene Formen des von Einzelnen oft nicht selbst aufgebauten Kapitals bröckeln und schwinden, ist der Aufstieg für den möglich, der von unten kommt und nichts mitbringt. Petyr brachte ein wenig kulturelles Kapital mit, legte sich eine geschliffene Sprache zu, erwarb fachspezifisches politisches und wirtschaftliches Wissen und erfand sich im

Abb. 1 Während der eine sein Kapital verschenkt, baut sich der andere seine Flotte mit einem selbstkreierten Wappen auf dem Segel auf. Chaos ist seine Leiter. (GoT, S03E06, USA, 2015, HBO, YouTube)

fortwährenden Machtchaos in Königsmund irgendwann selbst sein Familienwappen, das auf dem Segel des Schiffes als Symbol von Macht und Einfluss abgebildet ist (Abb. 1).

Die Ansprache über das Chaos als Leiter (S05E03) ist in der Szene umgesetzt durch eine Montage, die verschiedene Situationen des Versagens zeigt: „Many who try it fail, never get to try gain. The fall breaks them" (Schnitt auf die Prostituierte Ros, die von dem Sadisten Joffrey mit seiner Armbrust angeschossen und an den Bettpfosten genagelt stirbt – eine intertextuelle Referenz auf die Ansicht des heiligen Sebastian, der allerdings nicht von den ihn durchbohrenden Pfeilen stirbt, weil Gott über ihn wacht), „and some are given a chance to climb, but they refuse. They cling to the realm, or the gods, love, illusions. Only the ladder is real" (Schnitt auf die weinende Sansa, die Petyrs Angebot der Flucht ausgeschlagen hatte, Schnitt auf das am Horizont verschwindende, hinfort segelnde Schiff mit Petyrs Wappen der Spotdrossel), „the climb is all there is" (hier ein launiger Cut auf Ygritte, die die Mauer im Norden mit einem Eisen wortwörtlich wie mit einer Leiter ersteigt und sich schlussendlich über den Rand hievt – die nächste Szene spielt mit Jon Snow auf Castle Black).

Über die Spottdrossel (Mockingbird) auf seinem selbstdesignten Emblem wird sich Cersei später lustig machen, als sie die Vogel-Brosche an Petyrs Revers entdeckt und in den Fingern dreht (S02E01): „A mockingbird. You created your own sigil, didn't you? Appropriate; for a self-made man with so many songs to sing." Petyr stimmt zu und sagt, manche hätten das Glück in die richtige Familie hineingeboren zu sein, und ändere müssten ihren eigenen Weg finden. Dafür würde er Wissen ansammeln („knowledge is power") und lässt durchblicken, dass er von Cerseis inzestuöser Beziehung zu ihrem Bruder weiß. Das passt ihr nicht und sie verdeutlicht Petyr, dass nicht Wissen, sondern Macht Macht bedeutet („power is power"). Qua ihrer Befehlsgewalt (symbolisches Kapital) weist sie einen Soldaten an, ihm das Schwert an die Kehle zu setzen. Dann befiehlt sie den Wachen, zurückzutreten, drei Schritte zu machen, sich herumzudrehen, die Augen zu schließen (Abb. 2). Dank ihrer Position kann sie die Diener des Staates wie Marionetten dirigieren. Dieser kleine Tanz ist auch eine Parabel auf Management, denn „Führung" bedeutet wie auch „Choreographie" die Organisation von Menschen in Raum und Zeit (Biehl 2017, S. 30) und wird nicht nur in Fabriken, sondern in allen Organisationen wie hier im Burghof körperlich umgesetzt. In dieser Situation schließt sich auch Petyr an und „folgt", wenn Cersei „führt", beziehungsweise setzt sich wortwörtlich in Bewegung und erfüllt einen Folgeauftrag für die Herrscherin.

Abb. 2 Ballett der Wachen. Cersei visualisiert Führung als Organisation von Menschen in Raum und Zeit. (GoT, S02E01, USA, 2012, HBO, YouTube)

Erst später gibt Petyr sein Wissen um eine weitere Affäre Cerseis mit ihrem Verwandten Lancel weiter, woraufhin sie von der lokalen Kirche festgenommen wird. Hier ist wieder Wissen Macht. Petyr kann sich bis in die vorletzte Staffel auf seine realistische Einschätzung von Machtsituationen verlassen. In der siebten Staffel (S07E04) aber fliegt er auf und wird von den Stark-Schwestern hingerichtet. Vorher hatte Bran seine Schmeicheleien und Kooperationsangebote („Anything I can do for you, Brandon, you need only ask.") im vertraulichen Kamingespräch mit einem einzigen Satz beendet, den er ihm wie einen ganz langsamen Bumerang entgegenwarf: „Chaos... is a ladder." Cut auf das starre Gesichts Petyrs, der dieses Zitat erkennt. Bradon warnt ihn noch, er sei nicht Lord Stark (sondern der dreiäugige Rabe). Zwei Folgen später ist Petyr tot.

Anders als Varys ist Petyr kein machiavellianisch Handelnder, der seine Moral hier und da für das große Ganze hintenanstellt. Varys agiert auch im Sinne der Staatsphilosophie Thomas Hobbes', denn er erkennt, dass es sich lohnt, einen schlechten Herrscher zu dulden, solange die Stabilität gewahrt ist und kein Bürgerkrieg ausbricht. Hobbes (2009, S. 122) hatte geschildert, dass ein Bürgerkrieg das größte Übel für die Menschen, das größte Leiden und die schrecklichsten Verluste bringt und mit jedem Mittel vermieden werden muss. Bürgerkrieg ist so verheerend für das Volk und das Reich, dass jede friedenssichernde Alternative besser ist, einschließlich unfähiger Herrscher wie Robert oder grausame wie Joffrey. Vom headcount her ist dies vertretbar, denn jene planen üblicherweise, vorrangig andere Mitglieder der adligen Konkurrenz (oder der obersten 1 %) zu töten wie Eddard Stark, die schwangere Daenerys, oder erschießen hier und da einzelne Bürger wie Prostituierte. Es geht Petyr nicht um das friedliche Reich und das Wohl der Gemeinschaft in Stabilität ohne Bürgerkrieg, sondern lediglich um sich selbst. Petyr ist ein Egoist, der seine persönliche Motivation verfolgt und seinem Ehrgeiz nachgeht. Er wirkt nicht sympathisch, arbeitet aber ambitioniert, und ist damit auch eines der wenigen meritokratischen Beispiele im feudalen System der sieben Königreiche.

Das mittelalterliche Westors mit seinen tradierten Erblinien, Kapitalformen und undemokratischen Strukturen ist schon auf den ersten Blick wenig meritokratisch, aber die heutige Realität der Zuschauer von *Game of Thrones* ist es auch nicht. Die soziale, politische und die wirtschaftliche Welt ist nicht rein meritokratisch, also leistungsorientiert, wobei diejenigen, die hart arbeiten und viel „leisten", viel Erfolg haben (sollten). Viele der Zuschauer könnten meinen, dass der Erfolgreiche eben „viel" geleistet hat und der Erfolglose „nicht viel". Dabei kann aber der Begriff „Leistung" Ungleichheit im Kapitalismus legitimieren und ideologisch abpolstern, indem gesellschaftliche Beschränkungen (wie der Zugang zu verschiedenen Kapitalformen) als subjektive Beschränktheiten einfach personalisiert werden (Markard 2013). Es liegt dann vermeintlich am Einzelnen, der nicht „genug getan" hat, und nicht an der sozialen Ungleichheit.

Diese Ungleichheit kann man über die Kapitalformen erkennen. In der Arbeitswelt beziehen sich vermeintliche subjektive Beschränktkeiten auf finanzielles Kapital, wenn beispielsweise reiche Unternehmensgründer nur scheinbar den richtigen risikoreichen Entrepreneurial Spirit haben, aber realiter einfach weniger zu verlieren. Ähnliches gilt für riskante Jobwechsel, zusätzliche Studienabschlüsse, oder kreative Auszeiten, die nicht jedem gleichermaßen möglich sind. Von Netzwerken profitiert, wer sie über Familie und Bekanntenkreis hat, und der Bildungshintergrund macht sich sowieso bezahlt – wobei etwa in der internationalen Medienbranche schon der falsche Dialekt als Zeichen der sozialen Unterschicht oder unteren Mittelschicht zum Karrierehindernis werden kann (McLeod et al. 2009).

Auch in der Kreativwirtschaft, die Produkte wie *Game of Thrones* erschaffen hat, ist die meritokratische Sicht in einem Diskurs der Kreativität, Vielfältigkeit und flachen Hierarchien weit verbreitet. Die Kreativarbeiter vermeiden es generell, Benachteiligungen durch die soziale Klasse oder Herkunft überhaupt zu thematisieren. Es gibt dort eine Unansprechbarkeit struktureller, sozialer und ethnischer Ungleichheit („,unspeakability' of structural inequalities" – Gill 2010). Vorstellungen von individueller Selbstverwirklichung, Kreativität und neuen Freiheiten verdecken Mechanismen der Bevorteilung und Benachteiligung und sozialer Ungleichheit, die sich in den Kapitalformen Bourdieus wiederfinden, und die jeder Zuschauer schon einmal am eigenen Leib erfahren hat. So weiß auch Petyr Baelish, wofür er tagtäglich seinen Kapitalaufbau vorantreibt.

Robb Stark hingegen verbraucht als König des Nordens sein Kapital fortwährend und bricht schließlich seinen Eid (symbolisches und soziales Kapital), sich mit einer der Töchter Walder Freys zu verloben, als Gegenleistung für den gewährten Durchzug seiner Kampftruppen. An Privilegien gewohnt, nimmt er die attraktive Volantenerin Talisa Maegyr zur Frau (er ist verliebt, er ist König, was soll's!) und schwängert sie (tja, passiert eben!). Als sein ökonomisches Kapital noch weiter sinkt und Kampftruppen rar werden, versucht er einen weiteren Gefallen von Lord Walder Frey zu erhalten. Dieser geht auf die Hochzeitspläne eines niedrigeren adligen Stellvertreters Edmure Tully mit einer seiner Töchter, Roslin Frey, ein, jedoch mit der Absicht, sich an Robb Stark zu rächen, sobald er mit seiner Familie als Gast auf der Burg weilt. Walder Frey verschwört sich mit Roose Bolton und Tywin Lennister gegen die Häuser Stark und Tully und plant ein Massaker. Bei der Roten Hochzeit (S03E09/E10) wird der Kern der Stark-Familie mit dem König des Nordens, Robb Stark, seiner schwangeren Frau Talisa Maegyr und seiner Mutter Catelyn Stark im Festsaal der Burg des Hauses Frey niedergemetzelt. Die Gefolgsleute werden angezündet, verstümmelt und getötet. Robbs Leiche wird enthauptet, auf ein Pferd gebunden, und der Kopf seines Schattenwolfes wird auf seinen Rumpf gesetzt. Finsteres Mittelalter von seiner grotesken Seite. Da fehlt sogar die Filmmusik im Abspann, das Schweigen des Entsetzens ist groß, die Reaktion (Abb. 3) des globalen Publikums: *stöhn*.

Catelyn führt mit Überzeugung, dem Sinn für Gerechtigkeit und aus Liebe zu ihren Kindern, und nicht mit der Sprache eines Heerführers von Ehrgeiz getrieben wie Daenerys. Bis zum letzten Atemzug in der roten Hochzeit bleibt sie stark, versucht mit Logik, Bitten und emotionaler Ansprache, Walter Frey doch noch umzustimmen, nimmt gar seine Frau als Geisel um ihren Sohn zu retten (S03E09): „Let it end and there will be no vengeance!" Die Mutter kämpft bis zum Ende, anders als der Sohnemann Robb, der längt aufgegeben hat und wie gelähmt über seiner blutenden Frau Talisa verharrt, unfähig, noch irgendwie zu handeln.

Abb. 3 Wenn Zusehen keinen Spaß mehr macht. Memes mit Reaktionen auf das Gemetzel bei der Roten Hochzeit. (https://i.pinimg.com/originals/ac/c3/c3/acc3c3f76a1c-2265fbefd4767c7dde45.jpg)

Catelyn Stark fällt als Letzte, nachdem sie lange Zeit für ihren Sohn gekämpft hat. Im heutigen Patriarchat heißt es bisweilen, hinter jeder starken Führungskraft stehe eine hingebungsvolle Frau. Im Mittelalter-Fantasydrama steht dort Catelyn Stark. Voller Mutterliebe dient sie Robb, und davor lange Jahre duldungsvoll seinem Vater Eddard Stark. Selbst als dieser überraschend als Vater eines Neugeborenen einer unbekannten Mutter von einer seiner langen Reisen heimkommt, stellt sie die Familie, die Pflicht und die Ehre über ihre verletzten Gefühle und lässt ihren Frust passiv-aggressiv als böse Stiefmutter am Baby-Bastard Jon Snow aus. Gegenüber Talisa gesteht sie später, wie sie von Selbstzweifeln geplagt am Bett des erkrankten Kindes Jon ausharrt und den Göttern schwört, ihn aufzunehmen, wenn sie ihn nur leben lassen. Er lebt, sie nimmt ihn trotzdem nicht offiziell in die Stark-Familie auf. Sie ist im Glauben, dass all die schrecklichen Entwicklungen eine Rache der Götter an ihr sind, der Ichbezogenen, die nicht alles duldsam schlucken konnte und das mutterlose Kind nicht lieben konnte. Die eigentlichen Niederlagen für die Familie gehen jedoch auf den gutaussehenden Sohn Robb zurück, der es als unzumutbar empfindet, seine Versprechungen gegenüber seinen weltlichen Verbündeten zu halten.

Als Mutter-Archetyp wird Catelyn oft in blauen Gewändern gezeigt, wie die Jungfrau Maria und wie Daenerys, „Mother to the people", in mittleren Staffeln. Allerdings ist die Macht, die Catelyn ausübt, emotional, praktisch, sanft und vergebend – anders als der bisweilen dominante, aggressive und maskuline Stil der Kriegsherrin und Eroberin Daenerys, der dem patriarchalen Weltkonstrukt von *Game of Thrones* nicht als Alternative entgegensteht.

Catelyn gibt sich nach der Ermordung ihres Mannes nicht ihrer eigenen Trauer hin, sondern plant eine Mission zur Rettung ihrer Töchter und wird als Beraterin ihres (wie sie selbst sieht, nicht alleine fähigen) Sohnes tätig. Hier weichen Romanvorlage und TV-Serie voneinander ab: Auf dem Bildschirm ist Catelyns Präsenz nicht nur eine Hilfe, sondern wird zur Belastung: Einige ihrer Ideen, wie einen Botschafter zum Bruder des toten Königs Robert, Renly Baratheon, zu schicken, werden in der Verfilmung von Robb geäußert, der als sexy jungscher Prince of Winterfell erscheinen soll (Thomas 2012). In der Serie werden Catelyns logische Argumentationen der Romanvorlage nicht umgesetzt und sie erscheint bisweilen übertrieben emotional, irrational und weinend. Ihre Stärke und Weisheit werden zum Klischee der sich ungefragt einmischenden Mutter reduziert, die ihre Kinder so sehr liebt, dass sie ihren Verstand nicht benutzt. So untergräbt sie scheinbar gefühlsgesteuert die Position ihres Sohnes durch die Befreiung Jamie Lennisters. Allerdings heißt es im Buch: „You freed him without my knowledge or consent ... but what you did, I know you did for love") (III.192). In der Serie kocht Robb vor Zorn: „You betrayed me ... You knew I would not allow it, and you did it anyway" (Frankel 2014, S. 82). So ist das Publikum auf Seite des Sohnes und denkt augenrollend an das „gut gemeinte" Einmischen der eigenen Mutter – Mama nervt, Sohn handelt, kennt man ja.

Robb sieht sich als die legitime Führungsperson, der Blick auf seine Mutter ist ambivalent: Sie ist die einzige Vertraue und kompetente Verhandlungsführerin (als er sie losschickt, um mit Renly Baratheon zu sprechen, S02E01) und auch die Person, die sein Vertrauen missbraucht: Seine Mutter kommt ihm die Quere, als sie Jamie Lennister aus dem Camp befreit (S02E08). Den Vorstoß „hinter meinem Rücken" kann er nicht verstehen, auch wenn er dazu dienen soll, die eigenen Geschwister einzutauschen. Er ordnet seiner Mutter im Zelt bewachten Hausarrest an (Abb. 4). Was Robb nicht versteht ist, dass es Catelyn nicht um das Ausüben von Macht geht, sondern dass sie als seine Beraterin agiert, mit ihm kooperiert und ihn ermächtigt (empowerment), seine Entscheidungen unterstützt und ihm Rat erteilt. Auch als sie ihn vor der Schlacht im Norden noch bestärkt: „If you lose, your father dies, your sisters die, we die" (S01E08).

Catelyn lässt sich auch als Leader-Figur sehen, die mit Robb keinesfalls konkurriert, sondern ihn unterstützt. Sie empowert ihren Sohn und alle im Umfeld in einem beziehungsorientierten und relationalen Ansatz. Catelyn setzt dazu verschiedene Formen des sozialen und kulturellen Kapitals ein, denn sie verkörpert das Wappen der Starks mit „family, duty, honour" als eine gewöhnliche Frau ohne

Abb. 4 Empowerment wird von Führungspersonen nicht immer gut aufgenommen. Mama hat Zelt-Arrest. (GoT, S02E08, USA, 2011, HBO, YouTube)

Superkräfte. Sie besitzt weder die Feuerresistenz Daenerys' noch die Hexerei der Roten Priesterin, kommt aus ohne mächtige Verbündete oder Machtsymbole, und navigiert sich im Einklang mit ihrer Weiblichkeit und Familienliebe durch die Männerwelt. Sie gibt keine Befehle, sondern ruft herbei: Die Festnahme Tyrions in der Landgaststätte gelang ihr alleine mit emotionaler und persönlicher Ansprache anderer Reisender. Sie kennt deren Namen und identifiziert ihre Herkunft, zeigt die traditionelle Beziehung zu ihrem Heimathaus auf, und bittet um Hilfe. An der Ehre gepackt, springen sie Catelyn zur Seite und richten ihre Schwerter auf Tyrion.

Wie in diesem Moment ist soziales Gefühlsmanagement oft Frauensache: Sie ist es, die sich auch in unserer Gesellschaft an Geburtstage von Freunden und Kollegen erinnert, Kärtchen verschickt, im Büro selbst als kinderlose Frau Glückwunschkarten und einen Strampler für das Neugeborene des Chefs organisieren muss, Einladungen ausspricht, Namen aller und ihre Geschichten kennt, Menschen zusammenbringt und das Zusammensein fördert. In *Game of Thrones* wird der relationale Führungsansatz der Mutter aber konsequent untergraben vom Sohn, der die Relevanz sozialen und symbolischen Kapitals falsch einschätzt. Der gute Rat seiner Mutter wird von Robb verkannt. Exemplarisch die Szene, in der Catelyn den Sohn warnt, seinen Eid zu brechen und seine Geliebte anstelle der Versprochenen zu heiraten und sich damit mit dem gefährlichen Walder Frey anzulegen (S02E10):

Catelyn: Your father didn't love me when we married. He hardly knew me or I him. Love didn't just happen to us. We built it slowly over the years, stone by stone, for you, for your brothers and sisters, for all of us. It' not as exciting as secret passion in the woods, but it is stronger. It lasts longer.

Robb: And that is what would be in store for me with one of Walder Frey's daughters, what you and father had?

Catelyn: Why not? Because she's not beautiful? Because she's not exotic and exciting?

Robb: Now you're arguing just to argue because you arranged it.

Catelyn: And you agreed to it. You gave him your word. Treat your oaths recklessly and your people will do the same. If your father lived his life for one thing …

Robb: My father is dead. And the only parent I have left has no right to call anyone reckless.

Die Stärke von Catelyn liegt im Einsatz ihres sozialen, kulturellen und symbolischen Kapitals, in der Kooperation mit anderen und ihrer Verlässlichkeit, in der Freundlichkeit und im Ermutigen und Beraten der anderen. Sie verlässt sich auf den Rat der Minister, wenn sie Hilfe braucht, setzt ihre diplomatischen Fähigkeiten ein, etwa um bei Walder Frey politische Vorteile für Robb herauszuschlagen. Sie erweitert ihr soziales Kapital über ihren Tod hinaus, als sie die Loyalität von Brienne aus Tarth (gespielt von Gwendoline Christie) gewinnt (Abb. 5). Dabei übt sie nicht ihre physische Kraft aus, sondern spielt ihre sozialen Fähigkeiten aus. Sie gibt Brienne zu verstehen, dass eine Rache an Stannis nach Renlys Tod eigentlich wenig bringe, unterstützt aber ihre Entscheidung und verspricht: „I will not hold you back". Brienne kniet nieder und schwört ihr den Eid, beeindruckt von ihrem weiblichen Mut: „You have courage. Not battle courage perhaps, but – I don't know – a women's kind of courage" (S02E05).

Anders als Robb hat sich Catelyn stets ein- und untergeordnet, als die Andere (Simone de Beauvoiur) in der Männergesellschaft, als Tully im Hause Stark, die ihrem Mann im Gotteswald noch offenbart: „All these years and I still feel like an outsider when I come here" (S01E01). Es lässt sich auch feministisch argumentieren, dass Catelyn nach Luce Irigaray (1985) die phallokratische Ordnung

Abb. 5 Catelyn hat „weiblichen Mut" und das richtige Händchen: Ein Treueschwur bedeutet soziales Kapital über den eigenen Tod hinaus. (GoT, S02E05, USA, 2012, HBO, YouTube)

untergräbt, indem sie die übliche Form maskuliner Machtausübung ablehnt und als Frau ihren eigenen Weg findet. Als Beraterin von Robb trifft Catelyn ihre eigenen Entscheidungen, sie besucht Eddard Stark noch in Königsmund, entführt Tryion und lässt ihn zu ihrer Schwester Lysa Arryn bringen, und sie befreit Jamie Lennister. Sie lässt nicht ihre körperlichen Reize spielen, sondern setzt die Möglichkeiten ihrer sozialen und weiblichen Rolle höchsteffizient ein, um ihre positive Handlungsmacht zu vergrößern. Auch ihre Mutterrolle behindert und schwächt sie nicht, sondern ermöglicht ihr, eine achtsame und fürsorgliche Ethik zu leben. Am Ende jedoch zahlt Catelyn den Preis für ihre Güte und Sanftmut und wird brutal ermordet. Die Serie legt uns Zuschauern damit nahe, dass Frauen nicht durchhalten, wenn sie sanft und sozial wie Catelyn sind.

Bis zur finalen Staffel überlebt, wer maskulin Macht ausübt, wie Cersei oder Daenerys. Auch den privilegierten Mann, den überheblichen Sohn Robb konnte Catelyn nicht stoppen, er stirbt nebem seinem ungeborenen Kind. Die maschinelle Logik von *Game of Thrones* irritiert dies nicht nachhaltig, nach der blutigen Dekonstruktion macht sich der nächste Herrscher schon bereit. Auch hier erleben wir zunächst wieder knallharte und maskulin dominierte Auseinandersetzungen, bei denen sich nicht die Weiblichkeit, Mütterlichkeit, Empowerment, oder eine wie auch immer geartete Vernunft durchsetzt, sondern bestimmte Typen. Die meisten dieser Typen bringen eine ganz bestimmte Form von Kapital mit, die man im erörterten Kontext als eine Art Symbolik einordnen könnte oder der man aufgrund ihrer prominenten Wichtigkeit in Literatur, Film und in der Führungsetage ein eigenes Kapital widmen kann, nämlich das hier folgende über den Phallus.

Literatur

Biehl, B. (2017). *Dance and organisation. Integrating dance theory and methods into the study of management.* New York: Routledge.

Bourdieu, P. (1983). Ökonomisches Kapital, kulturelles Kapital, soziales Kapital. In R. Kreckel (Hrsg.), *Soziale Ungleichheiten (Soziale Welt Sonderband 2)* (S. 183–198). Otto Schwartz: Göttingen.

Frankel, V. E. (2014). *Women in Game of Thrones. Power, conformity and resistance.* Jefferson: McFarland.

Gill, R. (2010). "Life is a pitch": Managing the self in new media work. In M. Deuze (Hrsg.), *Managing media work* (S. 249–262). Los Angeles: SAGE.

Hobbes, T. (2009). *Leviathan.* In v. J.C.A. Gaskin (Hrsg.). Oxford: Oxford University Press.

Irigaray, L. (1985). *This sex which is not one.* Ithaca: Cornell University Press.

Markard, M. (2013). Begabung – Motivation – Eignung – Leistung. Schlüsselbegriffe der aktuellen Hochschulregulierung aus kritisch-psychologischer Sicht. *Forum Wissenschaft 4*, 36–40. https://www.bdwi.de/forum/archiv/ar-chiv/7292428.html. Zugegriffen: 1. Aug. 2019.

McLeod, C., O'Donohoe, S., & Townley, B. (2009). The elephant in the room? Class and creative careers in British advertising agencies. *Human Relations, 62*(7), 1011–1039.

Thomas, R. (2012). Are most women stupid in Game of Thrones: The prince of winterfell? http://www.feministfiction.com/2012/05/22/do-most-women-suck-in-game-of-thrones-the-prince-of-winterfell/. Zugegriffen: 1. Aug. 2019.

Phallus (Asha Graufreud, Varys)

4

Zusammenfassung

Game of Thrones spielt zugespitzt Situationen aus und vor, die Frauen und Männer im Kampf um die Macht heute gut kennen. Die weibliche Führungskraft (Asha Graufreund – im Original: Yara Greyjoy) erledigt pflichtbewusst alle Arbeit, ist immer präsent und top qualifiziert – wird aber ausgebootet von einem Mann (Euron Graufreund), der kaum aktiv an der Organisation der Eiseninseln (Iron Islands) teilnahm, keine stringenten Erfolge vorweisen kann, sich aber explizit dadurch auszeichnet „einen Schwanz" zu haben.

Schlüsselwörter

Frauen in Führungspositionen · Gläserne Decke · Phallus · Metaphern · Sexualisierte Sprache

Game of Thrones spielt zugespitzt Situationen aus und vor, die Frauen und Männer im Kampf um die Macht heute gut kennen. Die weibliche Führungskraft (Asha Graufreund – im Original: Yara Greyjoy, gespielt von Gemma Whelan) erledigt pflichtbewusst alle Arbeit, ist immer präsent und top qualifiziert – wird aber ausgebootet von einem Mann (Euron Graufreund, gespielt von Pilou Asbæk), der kaum aktiv an der Organisation der Eisernen Inseln (Iron Islands) teilnahm, keine stringenten Erfolge vorweisen kann, sich aber explizit dadurch auszeichnet „einen Schwanz" zu haben.

Asha Graufreud ist die ältere Schwester von Theon, den beiden verbleibenden Nachkommen von Balon Graufreud, dem Oberhaupt des Hauses Graufreud und Lord der Eiseninseln. Asha ist eine wilde und furchtlose Kriegerin und befehligt

© Springer Fachmedien Wiesbaden GmbH, ein Teil von Springer Nature 2020
B. Biehl, *Leadership in Game of Thrones,* Serienkulturen: Analyse – Kritik – Bedeutung, https://doi.org/10.1007/978-3-658-29301-7_4

ihre eigene Flotte, wobei sie sich von den Frauen auf den von Männern dominierten Eiseninseln und den meisten ihrer Geschlechtsgenossinnen in Westeros abhebt. Auf Befehl ihres Vaters plünderte sie mit dreißig Langschiffen den
schwach verteidigten Norden, als Robb Stark gegen die Lennisters in den Krieg
zieht, und erobert die Festung Tiefwald Motte. Ihr überheblicher Bruder Theon
hat derweil seine Truppen nicht im Griff und unterwirft kurzsichtig in einem
Überraschungsangriff Burg Winterfell, die er aber nicht halten kann. Mit Ashas
Überlegenheit kann er nicht umgehen und verweigert den Rückzug zu den Eiseninseln. Dort zurück erhalten Asha und ihr Vater, nachdem sie lange nichts vom
Bruder gehört haben, einen Brief von Ramsay Schnee, der im Namen seines
Vaters Bolton den Abzug der Graufreud-Truppen fordert. Der Sendung liegen die
abgeschnittenen Genitalien Theons in einem Kästchen bei – zusammen mit der
Drohung, weitere Kästchen würden folgen. Als Reaktion auf diese hoch symbolisch aufgeladene Nachricht wird für Balon der penislose Theon zum wertlosen
Narren. Asha hingegen versucht, den Bruder zu befreien, scheitert aber. Theon
kann aber fliehen und kehrt auf die Eiseninseln zurück, wo kurz zuvor sein Vater
Balon von Abtrünnigen seines Volkes ermordet wurde. Anstatt die Thronfolge für
sich zu beanspruchen, sichert er seiner Schwester zu, ihren Führungsanspruch auf
die Eiseninseln zu verteidigen und ihr zu helfen.

Game of Thrones zeigt den Machtkampf und die Rolle des Phallus fast sati-
risch in der Szene, in der sich das Volk nach der Ermordung des Herrschers der
Eiseninseln zum sogenannten Königsthing trifft, um einen neuen Anführer zu
bestimmen. Asha tritt hervor (Abb. 1) und spricht (S06E05): „Ich beanspruche
den Thron". Dem Einwurf, das Volk hätte noch nie eine Königin gehabt, begegnet
sie gekonnt: Die Umstände erforderten viel Neues. Sie zählt ihre Erfolge auf,
macht ihr Commitment deutlich, appelliert an die Gemeinschaft. Ihr Bruder Theon nimmt sich selbst realistischerweise aus dem Spiel: „Sie ist eine
Anführerin! Sie ist eine Kriegerin! Sie ist eine Eisengeborene! Wir werden keine
bessere Anführerin finden! Das ist unsere Königin!". Erste Rufe ihres Namens
ertönen. Sie überzeugt. Fast.

Plötzlich taucht der viele Jahre lang im globalen Amüsierbetrieb ver-
schwundene Onkel Euron wieder auf, und das Serienpublikum erlebt, was es im
Mediendiskurs und im Arbeitsalltag fortwährend erlebt. Die qualifizierte Frau
arbeitet engagiert vor Ort, ist immer da, baut mühsam Erfolge auf und legitimiert so eigentlich ihren Führungsanspruch – und wird ausmanövriert von einem
Mann, der zwar nicht so offen penisfixiert wie Euron spricht („I am going to
give [Daenerys] my big cock", Grinsen, Griff in den Schritt) aber doch ähnlich.
Sie verliert, weil sie kein Mann ist. Man denke an Hillary Clinton vs. Donald
Trump: „Hillary" (von der Presse und Gegnern als Frau gerne pauschal mit dem

Abb. 1 Dynamische Battle-Speech, fette Credentials, perfektes Setting – und trotzdem nicht überzeugt. Asha fehlt der Penis. (GoT, S06E05, USA, 2016, HBO, YouTube)

Vornamen angesprochen) argumentiert sachlich, ökonomisch, gesellschaftlich, Trump reiteriert simple „Männerdinger": „I will build the wall. I will build the wall." Und gewinnt. Euron hält eine kurze Rede mit ausgesprochener Satire-Qualität: Es ist von seinem „großen Penis" die Rede, vom Bauen einer „riesigen Flotte", von der „Verführung" der blonden Königin. Er endet mit einer weiteren phallogozentrischen Metapher: „Here I staaaand!". Die Männertruppe ist euphorisch, skandiert seinen Namen und beginnt dann das Ritual der Ernennung. Asha, als Frau ohne Penis, und ihr Bruder als kastrierter Mann ohne Penis verlieren die symbolische Auseinandersetzung und räumen das Feld.

Diese Sicht wurde ähnlich von der internationalen Leadership-Forschung analysiert: Ladkin (2017) schreibt den viele schockierenden Sieg Trumps dem „leadership moment" zu, einer identitätsbasierten Dynamik, die Wähler anzog und am Amt festhängt, egal wer dafür antritt. Identitätskämpfe und Rassismus, wirtschaftliche Schwierigkeiten und Frauenfeindlichkeit, die Teil von öffentlichen Diskursen und Wahlkämpfen sind, hängen in der Wahrnehmung fest. Dazu gehört auch, einfach formuliert: Wenn es immer Männer auf dem Chefsessel oder Thron sind, empfiehlt sich für den Verstand der Mehrheit des sowohl männlichen als auch weiblichen Volks dann doch der Mann. Dann noch die Umstände: der erste schwarze Präsident beendete seine Amtszeit, also war schon „genug" Fortschritt geschehen.

Dieser Blick zeigt uns auch wieder, wie trügerisch anführerzentrierte Perspektiven sind, denn Führung hängt nicht nur von der Person im Zentrum ab. Nicht der mit den passendsten Eigenschaften setzt sich durch, mit Intelligenz, Durchblick und Moral, sondern wer sich im Umfeld, der Stimmung und der Situation („around space") behaupten kann – nicht im rationalen Diskurs über Kompetenz, sondern auf der affektiven, emotionalen Ebene der Wahrnehmung (Ladkin 2017). Diese Situation verändert sich ständig und hängt nicht nur von objektiven Tatsachen ab (wie die wirtschaftliche Lage), sondern auch von subjektiver Einschätzung inklusive irrationaler Gefühle, Werturteile und Vorurteile. Hier spielt der „sense of indentity" hinein, der bestimmt, wen man als folgenswürdig erwachtet. Bestimmte Theorien der Führung postulieren, dass die Effektivität von Führungspersonen im Wesentlichen darauf beruht, dass sie die Identifikation ihrer Mitarbeiter mit der Arbeitsgruppe oder dem Unternehmen stärken (van Knippenberg et al. 2004). Das Individuum muss für die Gruppe stehen und deren Werte verkörpern, um als Anführer akzeptiert zu werden. Die aufstrebende Führungsperson sollte deshalb nicht nur um sich selbst kreisen und über sich sprechen, sondern versuchen, an die empfundene Realität der Gefolgsleute anzuschließen – wieder auf die Beziehungsebene.

Asha hat den Anschluss auf der Beziehungsebene versucht, indem sie mit Verweis auf ihre Abstammung, Sozialisation, ihre permanenten Bemühungen vor Ort, ihre Arbeit und Erfolge gezielt erklärte, warum sie die erste Frau als Herrscherin sein kann. Obwohl die Erklärungen stimmig sind und die Anwesenden zunächst zu überzeugen scheinen, werden sie vom Auftritt des Onkels – und seines Penis' – hinweggewischt.

Die Aspirantin kommt nicht an gegen diese „Faszination des Körpers", auf die in der Leadership-Forschung kritisch hingewiesen wird: Frauenkörper bleiben in männlich dominierten Organisationen „abject" – das andere, das Nicht-Männliche, das Ausgestoßene (Höpfl und Hornby Atkinson 2000). Das Weibliche wird in einem solchen patriarchalischen Umfeld als etwas gesehen, dem etwas fehlt – etwa Stabilität, Konsistenz, Ausdauer. Ironischerweise ist dieses Weibliche aber doch wieder wichtig, damit sich Männlichkeit von ihm abgrenzen kann und mit einem intuitiven Sinn der Körperlichkeit wieder erstarkt. Euron hat uns dies demonstriert, denn seine Rede ist stark, weil die Gegenrednerin keinen Penis hat. Zudem verweist die Szene mit Euron, in der er seinen Penis als Legitimation für seine Führungsrolle anführt, auf die Peniszentriertheit – oder, weniger vornehm: Schwanzgesteuertheit – auch unserer heutigen der Arbeitswelt.

Linstead und Maréchal (2015) haben die Sprache und ihre Metaphern in Organisationen untersucht und herausgefunden, dass sie sich um den männlichen Phallus dreht und symbolisch männliche Vorherrschaft durch Macht und

Kontrolle ausdrückt, also eine penisbesessene und machthungrige Männlichkeit fördern. Im Deutschen würden erstens phallische Ausdrücke darunter fallen wie „seinen Mann zu stehen" oder gar „Pimmelkarate", was ich selbst im Hochschulwesen vernommen habe. Während im Englischen „being a dick" heute zwar kein Kompliment ist, aber implizit auch irgendwie die Härte der arschigen Durchsetzungsfähigkeit eines Mannes anerkennt. Zweitens finden andere Teile der männlichen Genitalien wie die Testikel ebenfalls metaphorisch Einzug, etwa wenn es darum geht, „Eier zu haben" („cojones"), oder das „Testosteron im Raum" hochkocht. In unserer postmodernen Arbeitswelt halten Linstead und Maréchal (2015) eher die dritte, nämlich fluide Metapher für zukunftsfähig: Wenn wie aus dem „Samen", wie auch in der Agrikultur, neues Wissen, Kulturen oder Ideen entstehen sollen, dann benötigt eine solche Führung weniger Kontrolle denn Zutrauen. Ein solcher Führungsstil muss inspirieren und seine Ideen verteilen, und dann die Saat relativ autonom wachsen lassen, ohne sie steuern und beschneiden zu wollen. Das entspricht einer relationalen Sicht auf Führung. Der phallische Ansatz: kontrollieren, Stoßrichtungen vorgeben geben, hart sein, hinbiegen, Ziele erreichen, ist nicht kollaborativ und nicht relational. Diese Ideen macht sich auch *Game of Thrones* zu eigen und illustriert die zunehmenden sozialen Bestrebungen, diese Penis-zentrierte, phallische Männlichkeit zu verändern. Aber wie? Eine beziehungsorientierte, sanftere und anpassungsfähige Männlichkeit in der Führung ist auch eine Sache von Sprache: Wie müssen erkennen, was Sprache in unserem Verständnis anrichtet und wie wir anders sprechen.

Das Problem einer von männlichem Verhalten und Symbolik dominierten Sprache wird in verschiedenen Führungskontexten der heutigen Welt kritisiert. Phillips et al. (2014) beschreiben diese Sprache als phallogozentrischen Diskurs einer maskulinistischen Tradition von „harten Kerlen", die alles, was sie tun, als zielgerichtet, rational und legitim beschreiben. Dem begegnet frau nicht nur verkörpert in Arbeitskontexten, sondern auch in der männlich dominierten Publikationspraxis in der Management-, Organisations- und Leadership-Forschung, die trotz aller berechtigter Kritik am Empirismus auf angeblich „harte" Fakten, „harte" Methodik und „klare" Ergebnisse setzt und auf kreativen, künstlerischen und subjektiven Ausdruck herabschaut. Pullen (2017) setzt deshalb aus einer feministischen Perspektive die Einreichungen zu von Machtstrukturen durchsetzen peer-reviewed Journals bildlich einer Labiaplastie, der chirurgischen Verkleinerung der sichtbaren weiblichen Geschlechtsteile gleich. Die feministische Managementforscherin Heather Höpfl (2007, S. 102) argumentiert im Sinne von Kristeva, dass eine solche Anpassung für Männer ganz natürlich möglich ist, aber für Frauen paradox bleibt:

„It is either possible to submit and become the same, in other words to achieve and demonstrate mastery, to become part of the project or to be other, rejected, abject. So, a woman can seize phallic power and become a man, albeit an effeminate man, or be different and risk eradication".

Für die Frauen bliebe nach Höpfl in einem phallogozentrischen Diskurs übrig, eine weibliche Form eines Mannes zu werden, oder anders zu sein und ausgeblendet zu werden. Die Suche nach dem eigenen Weg einer Frau geht weiter, und *Game of Thrones* als populärer Ausdruck unserer heutigen Kultur lässt immer noch Frauen wie Asha scheitern, zeigt aber auch andere Frauen an der Macht, die sich nicht nur als Widerstand im männlichen System positionieren, sondern ihren eigenen Weg finden. Diese Versuche erstrecken sich über die verschiedenen Archetypen der Literatur wie Königin (Cersei Lennister), Heldin (Brienne von Tarth), Mutter (Catelyn Stark), Kind (Arya Stark), Jungfrau (Sansa Stark) und Kämpferin (Daenerys Targeryen).

Phallische Unterdrückung wird in *Game of Thrones* nicht nur in der Variante des Gegensatzes Mann-Frau gezeigt, bei der die durchschnittliche Zuschauerin mit Asha, Cersei, Daenerys, Sansa und Brienne mitfühlen kann, sondern sie wird zusätzlich ausgespielt und vorgeführt, wenn es um die Eunuchen in der Serie geht. Frauen und Eunuchen zeigen in der Serie, dass sie Macht besitzen können, die nicht phallozentrisch ist und darüber hinaus verdeutlichen sie, dass Peniszentriertheit dem eigenen Ich und der Selbstwahrnehmung schaden kann (Askey 2018).

Das beste Beispiel hierfür ist Varys, ein gewiefter Eunuch mit geheimnisvoller Vergangenheit, von der er nur in ausgesuchten Situationen bestimmte Teile offenbart. Als Waisenjunge lebte Varys auf den Straßen von Essos und zog mit einer wandernden Schauspielgruppe umher, von denen er die Prinzipien des gekonnten Rollenspiels auf der Bühne des Lebens lernte. Als die Gruppe ihn verkaufte, geriet er an einen Zauberer, der ihm die Genitalien abschnitt und ihn zum Sterben auf die Straße warf. Varys überlebte und entwickelte sich zunächst zu einem geschickten Dieb, dann zu einem Händler von Geheimnissen und Informationen, welche sein neu aufgebautes Netzwerk aus Waisenkindern stahl und verkaufte. Der damalige Irre König, Aerys Targaryen, holte Varys bald nach Königsmund, wo er als königlicher Oberspion oder Meister der Flüsterer als Mitglied im kleinen Rat tätig wurde. Nach der Rebellion Robert Baratheons behielt Varys seine Position und diente fortan ihm und den darauffolgenden Königen. Varys ist hilfreich und mächtig, aber für alle Mitspieler schwer einzuordnen und zu begreifen. Er folgt einer anderen Logik als die typischen männlichen Machttypen.

Eunuchen sind die drittstärkste Gender-Gruppe in Westeros, wenn man sie denn als eigenes Geschlecht nach der Kastration begreifen will. Die Personen haben es nach Judith Butler's (2004) Konzept des „Doing Gender" auch selbst in der Hand, wie sie sich verhalten und wie sie ihre Geschlechtsidentität wählen. Zwar muss die persönliche Gender-Identität nicht von anderen validiert werden, wird aber in einer heteronormativen Gesellschaft fortwährend infrage gestellt. Varys spricht offen über seine queere Identität und sich als Eunuchen, Grauer Wurm (Grey Worm im Original) spricht nicht über seine ebenfalls unfreiwillige Kastration, sondern tritt als erster Soldat mit hypermaskulin trainiertem Körper wie ein sozialer Mann auf, Theon Graufreud sieht sich nach seiner früheren Existenz als übergriffiger Womanizer als verstümmelter Mann, der auch aufgrund des psychischen Traumas „not fit for rule" (S06E05) ist. Im Fantasy-Mittelalter kämpfen sie mit der Selbstverortung offensiv, denn der essentialisierte männliche Blick trifft sie mitten in den Schritt. Besonders von bestimmten Männern werden die Eunuchen regelmäßig auf ihren fehlenden Penis angesprochen, und das nicht aus teilnahmsvollem Interesse, sondern aus männlichem Dominanzgehabe. Die Serie legt uns nahe, Männer könnten einfach nicht anders, wie in dem Gespräch zwischen Varys und Tyrion, der selbst ständige Diskriminierung erfahren hat, aber dennoch „Eier hat" (S08E01)

Varys: You take great offense at dwarf jokes, but love telling eunuch jokes. Why is that?
Tyrion: Because I have balls, and you don't.

So geht es vielen Männern, gerade auch dem Gegenspieler Petyr „Kleinfinger", der als Bordellbetreiber besonders symbolisch Frauen als Menschen ohne Penis objektiviert und bisweilen praktisch misshandelt, im System für Misogynie und männliche Machtpositionen steht. In mehreren „Mann-zu-Eunuch"-Gesprächen, die im immer leeren Zentrum der Macht in der Halle mit dem Eisernen Thron ausgetragen werden (Abb. 2), versucht „Kleinfinger" (gespielt von Aidan Gillen) üblicherweise, Varys' (gespielt von Conleth Hill) fehlendes Körperteil anzusprechen und dadurch Autorität zu gewinnen. Beide schleichen um den Herrschaftssitz, auf den Petyr, der sich selbst dient, Ambitionen hat, und Varys nicht, da er dem Reich dient. Sie spielen ein Strategiespiel mit Worten. Zum Einstieg ein einfaches Beispiel (S01E05):

Varys: I must be one of the few men in the city who does not want to be king.
Petyr: You must be one of the few men in this city who isn't a man.
Varys: You can do better than that.

Abb. 2 Kleinfinger vs. Varys. Ein Kampf mit Worten, ein Schachspiel im Raum. (GoT, S01E05, USA, 2011, HBO, YouTube)

Tatsächlich haben beide noch viel mehr zu bieten in diesen rhetorischen Schach-spielen im Thronsaal. Petyr betrachtet den Thron und Varys schleicht heran, seinen vermeintlichen Arbeitseifer mit dem Stilmittel des Kontrasts und leich-ter Ironie lobend: „The first to arrive, the last the leave. I admire your industry." Streberhafte Präsenz oder die Inszenierung von Arbeit kennt man auch in der heu-tigen Bürowelt, und die Kollegen wissen dies ähnlich zu schätzen und bedenken Übereifrige mit bissigen Kommentaren. Erster Konter von Petyr, der ihn als heimlichen Schleicher darstellt, was schon mal nicht das männliche Klischee des starken Auftritts erfüllen kann: Petyr: „You *do* move quietly." Varys steht zu sei-ner Art: „We all have our qualities." Petyr fühlt sich unterlegen und möchte wie-der Oberwasser gewinnen, also bietet er ihm sexuelle Aktivitäten an – von denen er weiß, dass er sie nicht annehmen kann oder wird. So unterstellt er Varys, er würde sich zu seinen Kinderspionen sexuell hingezogen fühlen: „You look a bit lonely today. You should pay a visit to my brothel this evening. First boy is on the house." Varys: „I think you are mistaking business with pleasure". Petyr: „Am I? All those birds that whisper in your ear, such pretty little things (kommt näher) – trust me! (legt Varys ganz kumpelhaft die Hand auf die Schulter, während Varys diese leicht angeekelt ansieht) We accomodate all inclinations."

Auf das Versprechen, alle Wünsche befriedigen zu können, kontert Varys mit Intel: Er weiß, welche Kunden im Bordell welche perversen Wünsche haben. Er

weiß auch, dass Petyr alle Begehren erfüllt und seinen Kunden selbst frische Lei-
chen zur Verfügung stellt, also gegen das Gesetz des Königs verstößt und Perso-
nen extra ermorden lässt. Im Sinne des „doing gender" normalisiert Varys seine
Art der Existenz und stellt andere als pervers dar, und bedroht gleichzeitig seinen
Gegner mit seinem Geheimwissen, das er als „Master of Whisperers" erlangt hat.
Wissen ist Macht – das ist auch Petyrs Motto – nicht der Penis. Oberhand für
Varys, der sich entfernt, was Petyr nur wieder mit einem gemeinen Penis-Angriff
kontern kann:

„Tell me! Does someone somewhere keep your balls in a little box? (Pause.
Varys dreht sich langsam um) I have often wondered!". Varys erwidert ganz
ruhig und ironisch, er wüsste nicht, wo sie wären, obwohl sie ihm einst so nah
waren: „Do you know I have no idea where they are. And we have been sooo
close!" Er wandelt den Angriff in einen Witz um und normalisiert seinen Körper,
wobei er aber nicht negiert, dass er sich von anderen unterscheidet. Diese Diffe-
renz wird Quelle von Macht, wenn er später zu bedenken gibt, dass er überlegen
ist, weil er sich nicht von sexuellen Trieben steuern lässt. Die Dominanz dreht
sich wieder um, Varys steht nun auf der anderen Seite (Abb. 3) und droht Petyr,
dass seine allen bekannte Schwärmerei für Eddard Starks Frau Catelyn ihm bald
auf die Füße fallen könnte, wenn sie von der Lennister-Familie gegen ihn verwendet würde. Beide beobachten einander, spionieren einander aus und spielen
sich gegeneinander aus.

Diese Szene wird später wiederholt gespiegelt, wenn die beiden am gleichen
Ort ihre Ansichten über Chaos austauschen („Chaos isn't a pit, chaos is a ladder" (S03E05). Die Szene beginnt mit kleinen Sticheleien, als Petyr wieder den

Abb. 3 Wissen ist Macht. Mal hat der eine die Oberhand, dann wieder der andere. (GoT,
S01E05, USA, 2011, HBO, YouTube)

Thron betrachtet und Varys ihn als „Old ugly thing" bezeichnet, woraufhin Petyr ihm einen gewissen Reiz zuspricht. Varys trocken: „The Lysa Arryn of chairs." Er ist voll im Bilde über die Intrigen um Lysa Arryn und die Bemühungen Petyrs, die psychisch angeschlagene Königin für sich zu gewinnen. Petyr gewinnt die Oberhand in der „Chaos is a ladder"-Ansprache, die auch enthüllt, dass er die mit Varys kooperierende Prostituierte Ros an den irren Joffrey und seine sadistischen Tötungsphantasien ausgeliefert hat. Varys selbstloser Einsatz für das Reich scheint hier sinnlos vor der Übermacht des Egoismus und eiskalten Ehrgeizes des Emporkömmlings.

Die Sicht auf Kastration, die gerade männliche Opponenten gegenüber den Eunuchen zeigen, ist durchweg abwertend. Sie drückt eine maskuline Ideologie aus, die den typisch männlichen Körper als einzig würdige Körperform begreift. Wer keinen Penis hat, ist mangelhaft, denn es „fehlt etwas". Das trifft auf Eunuchen zu und auch auf Frauen, die quasi eine „kastrierte" Form des Mannes sind (Butler 2004, S. 15). Game of Thrones jedoch positioniert sich nicht in diesen klaren Zuschreibungen, sondern in einer verwirrenden Vielfalt von Machtdiskussionen um den Penis herum.

In diesem Wirrwarr an Positionen begegnet Varys auch vom hypersexualisierten Prinz Oberyn Martell (gespielt von Pedro Pascal), der ganz und gar nicht heteronormativ ist, sondern mehrere Kinder von verschiedenen Frauen aus unterschiedlichen Ständen hat, eine davon liebt, aber eine offene Bisexualität praktiziert. Oberyn Martell, auch bekannt als die Rote Viper, kommt anlässlich der Hochzeit von Joffrey und Margaery in die Hauptstadt Königsmund, um Rache für seine Schwester Elia zu üben, die einst auf den Befehl von Tywin Lennister von Gregor Clegane ermordet wurde. Oberyn wird als maskulin und dominant wahrgenommen, zeigt aber bei ersten Gesprächen mit zentralen Figuren am Hofe vorurteilsfreies Interesse an Varys und lässt sich seine Asexualität erklären, die kein sexuelles Verlangen enthält und damit Freiräume für anderes schafft. Varys: „When I see what desire does to people – what it's done to this country – I'm very glad to have no part in it." (S04E06) Auf die Frage hin, welche Möglichkeiten das Fehlen von Begehren eröffne, wirft Varys einen stummen Blick auf den leeren Eisernen Thron, den die Kamera im Hintergrund scharf stellt, wobei die beiden Gestalten verschwimmen. Dann verlässt Varys das Bild. Die Szene ist subversiv und untergräbt die akzeptierte Gender-Hierarchie, denn selbst der übermännliche Oberyn scheint den Eunuchen anzuerkennen zu verstehen, dass jemand außerhalb der kulturellen Gendernormen substanzielle Macht und Kontrolle im Königreich über einen langen Zeitraum gewinnen kann.

Mit diesen Darstellungen reproduziert *Game of Thrones* keine Machtstrukturen, sondern stellt sie auf politische Art infrage. Die phallokratische Ordnung, schreibt Luce Irigaray (1985), basiert auf männlichen Machstrukturen und so muss für die anderen die Subversion dieser Ordnung damit beginnen, die männliche Definition von Macht abzulehnen, nicht zu kontern, sondern infrage zu stellen. Diesen Modus hat auch Theatertheoretiker Hans-Thies Lehmann (2002) beschrieben: Das Politische auf der Bühne passiert nicht nur hegelianisch in der Kollision zweier gleichermaßen berechtigter sittlicher Zwecke, sondern ist vielmehr in der Repräsentation und der Form eines Konfliktes zu finden. Die Art der Darstellung politischer Themen ist im Theater generell von Belang, jene übermitteln sich nicht nur im Inhalt, sondern in der ästhetischen Form. Das Politische wird als Unsicherheit, als Bruchstückhaftes, als Unterbrechung vermittelt: Petyr karikiert sich, wenn ihm nichts übrigbleibt, als den fehlenden Penis anzusprechen, wobei er aber in Varys' humorvolle Leere läuft.

Varys lässt sich kaum greifen oder einordnen, etwa als feminin oder nichtmännlich und machtlos. Vielmehr ist er der schwer fassbare Sonderling, der seine Macht nicht von seinem Penis oder seiner Sexualität ableitet und sie außerhalb traditioneller maskuliner Möglichkeiten gewinnt. Varys nutzt seinen Geist und seine sozialen Netzwerke und wird zu einer Autoritätsfigur, die viel länger „steht" als andere und viele Herrscher überdauert, Klassengrenzen überschreitet und Geschlechtergrenzen ebenso. Petyr bleibt zurück und scheitert bald, er zeigt wie patriarchalische Sichtweisen auch den Männern schaden, die sie sich zu eigen machen und nur in ihren engen Grenzen denken können. Der letzte Versuch, die beiden Schwestern Sansa und Arya Stark gegeneinander auszuspielen gründet auf frauenfeindlichem und anti-feministischem Denken, dass – wie man heute sagen würde – die „Bitches" immer „fighten" müssten. Von wegen, die beiden Schwestern denken mit und richten ihn hin.

Diese Debatten über die phallische Macht werden symbolisch passend in der leeren Halle des Eisernen Throns ausgefochten, dort wo Macht und Herrschaft ihren ureigensten Sitz haben. Irritierenderweise verdeutlichen sie, dass Macht nicht ihren ureigenen Sitz hat – dort, wo der Penis ist – sondern flüchtig, nicht fassbar und schwer greifbar ist. Auch der Thron ist leer oder von ständig wechselnden Personen besetzt. Die Gespräche erscheinen nicht als Anti-These, indem sie den Weg zur Macht nicht zeigen als eine Art maskuliner Kampf mit einem Hin und Her an Worten, harten Thesen und klaren Ansagen (Phillips et al. 2014), sondern als eine Unsicherheit mit den verzweifelten, bissigen und brutalen Manövern von „Kleinfinger", die aber an Varys abgleiten. Hier kommunizieren Positionen, die sich nicht auflösen. Und damit wird nicht nur im Thronsaal, sondern auch zwischen Bildschirm und Couch unter Nachdenklichen kommuniziert.

Dieses Geringe anstelle eines klaren Schlagabtausches trifft auch für andere Diskussionen zu zwischen Eunuchen und „Männern", wie Grauer Wurm und dem männlichen Kämpferklischee Daario Naharis. Als einer der 8000 Soldaten der Unsullied wurde Grauer Wurm als Baby entführt, als Junge kastriert und bis zur Unterwerfung gequält. Unter härtesten Bedingungen wurde er zu einem knallharten Krieger ausbildet, einem Unbefleckten, der weder Schmerz noch Gefühlsregungen zeigt und bedingungslos gehorcht. Wie jeder dieser Soldaten trägt er einen Namen, der ihn täglich daran erinnern soll, dass er nichts als Ungeziefer ist. Grauer Wurm steigt auf zum gewählten Kommandanten der Unbefleckten, einer Eunuchenarmee aus Astapor, und Berater der Königin. Mit Daario, einem kämpferischen Leutnant einer Söldnerkompanie, die sich Daenerys angeschlossen hat, führt er kleine Wettkämpfe mit phallischen Symbolen wie Schwertern: Wer es zuerst fallen lässt, hat verloren (Abb. 4). Daenerys hat dazu nur zu sagen: Wer als letztes sein Schwert hält, muss sich eine neue Königin suchen. Plumps machen die Klingen. Grauer Wurm scheint mit gequältem Lächeln diesen Spielchen auch distanziert gegenüberzustehen, denn Männer, die den Penis als Quelle individuellen Handelns identifizieren, haben ihn kastriert, misshandelt und unterworfen.

Grauer Wurm gibt zu verstehen, dass er auf seinen Intellekt setzt und nicht auf einzelne Körperteile, woraufhin Daario, der einst öffentlichkeitswirksam seinen Penis herausholte und spöttisch vor die Stadttore Meereens pullerte, entgegnet: „I'd rather have no brains and two balls" (S04E01). Diese Plattheit – genau

Abb. 4 Wer kann am längsten? Symbolisch aufgeladene Männerspiele verhandeln Führungsansprüche. (GoT, USA, S04E01, 2014, HBO, YouTube)

genommen eine Testikel-Genitalmetapher (Linstead und Maréchal 2015) – entlockt dem weiblichen Publikum, das keine Eier aber Gehirn hat, durchschnittlich ein müdes, angenervtes Lächeln, und dem Internet ein paar virale Memes, über die einige Männer in schwachen Momenten ihrer Existenz etwas lachen mögen. Auch Daenerys ist wenig beeindruckt obwohl ihr die Eier fehlen, sondern amüsiert, kommandiert Daario herum und lädt ihn gelegentlich zum spontanen Vögeln in ihre Gemächer („Do what you do best!"). Daenerys ist auch keine klare Anti-These zum männlichen Herrscher, sondern benutzt ihren Frauenkörper und die Mutterrolle neben einigen maskulinen und bisweilen überbrutalen Handlungen – etwa wenn sie Feinde zwanghaft vom Drachen flambieren lässt. Daenerys, Grauer Wurm und Varys finden Wege, ihre Macht zu zeigen, die nicht phallozentrisch ist und jenseits dieses Denkens steht. Die politische Ordnung, die peniszentrierte Herrschaft, wird nicht verleugnet und negiert, sondern im trüben verwirrten Ganzen gezeigt.

Diese politische Art der Darstellung verfolgt *Game of Thrones* beim Thema der Macht nicht nur auf diese Art in den Thronsaal-Gesprächen, sondern im Großen und Ganzen: Wenn im Spiel der Throne eine Person gegen die anderen kämpft, ist der Sieg nur von kurzer Dauer. Das Publikum ist verunsichert, denn es weiß, dass jeden Moment eine Hauptrolle ihr Ende finden kann, wie Ned, Joffrey, Tywin und viele andere. Der Kampf um den Eisernen Thron wird als eine einzige Unsicherheit, als ununterbrochenes Hin und Her vermittelt, das die personenzentrierte – und in diesem Fall auch peniszentrierte – Macht als etwas Trübes, Instabiles und Unsicheres enthüllt. Damit plädiert die Serie für andere Ansätze der Führung, für relationale nicht phallische Führung und stellt immer vage in Aussicht, dass das Rad einmal gebrochen werden könnte. Das Rad der Erbfolge bricht zuletzt ein Kollektiv aus Herrschern, das Brandon Stark als „Bran the Broken" zum König bestimmt. Sein Penis spielt aufgrund seiner körperlichen Lähmung auch keine Rolle. Brandon verkörpert keine phallische und auch keine personenzentrierte Führung, denn er begreift sich selbst nicht mehr als Person, den „beschädigten" Körper als bloße Hülle nutzend gilt er für die anderen als Medium, als Gedächtnis von Geschichte, als fließend, nicht fassbar, nicht starr stehend. Damit wäre auch die Penismetapher ersetzt zugunsten des fluiden Mediums als neue Form von Führung. Bis es soweit kommt, müssen auch die zunächst schwachen Frauen einmal stark werden und gegen alle Widrigkeiten antreten, um ihren Führungsanspruch gegen die dominierenden Männer durchzusetzen. Dafür müssen die weiblichen Protagonistinnen allerdings durch sehr tiefe Täler gehen und bisweilen brutal Selbstjustiz üben.

Literatur

Askey, B. (2018). "I'd rather have no brains and two balls": Eunuchs, masculinity, and power in Game of Thrones. *The Journal of Popular Culture, 51*(1), 50–67.

Butler, J. (2004). *Undoing Gender*. New York: Routledge.

Höpfl, H. (2007). The codex, the codicil and the codpiece: Some thoughts on diminution and elaboration in identity formation. *Gender, Work & Organization, 14,* 619–632.

Höpfl, H., & Hornby Atkinson, P. (2000). The future of women's careers. In A. Collin & R. Young (Hrsg.), *The future of career* (S. 130–143). Cambridge: Cambridge University Press.

Irigaray, L. (1985). *This sex which is not one*. Ithaca: Cornell University Press.

Ladkin, D. (2017). How did that happen? Making sense of the 2016 US presidential election result through the lens of the ,leadership moment'. *Leadership, 13*(4), 393–412.

Lehmann, H.-T. (2002). *Das politische Schreiben. Essays zu Theatertexten*. Berlin: Theater der Zeit.

Linstead, S., & Maréchal, G. (2015). Re-reading masculine organization: Phallic, testicular and seminal metaphors. *Human Relations, 68*(9), 1461–1489.

Phillips, M., Pullen, A., & Rhodes, C. (2014). Writing organization as gendered practice: Interrupting the libidinal economy. *Organization Studies, 35*(3), 313–333.

Pullen, A. (2017). Writing as Labiaplasty. *Organization, 25*(1), 123–130.

van Knippenberg, D., van Knippenberg, B., van Cremer, D., & Hogg, M. (2004). Leadership, self, and identity: A review and research agenda. *Leadership, 15,* 825–856.

Frauen (Sansa Stark)

5

Zusammenfassung

Die weiblichen Anführerinnen steigen langsam in die höchsten Ebenen der Macht auf. Cersei Lennister sitzt auf dem Eisernen Thron, Daenerys Targaryen schmiedet fleißig Allianzen und Sansa Stark hat blutige Rache am missbräuchlichen Ehemann Ramsay Bolton geübt und sich als die entscheidende Strategin in der Schlacht der Bastarde erwiesen. Gerade bei Sansa Stark hätte man nicht mit einer solchen Wendung gerechnet. Die Frauen repräsentieren verschiedene weibliche Führungstypen und bewältigen unterschiedliche Hindernisse im Kampf um Selbstermächtigung und Einfluss, was sich auch in ihrer Kleidung materialisiert.

Schlüsselwörter

Frauen in Führungspositionen · Gendersereotype · Sexualität · Körper · Kleidung

Im Finale der sechsten Staffel von *Game of Thrones* steigen die weiblichen Anführerinnen in die höchsten Ebenen der Macht auf. Cersei Lennister sitzt auf dem Eisernen Thron, Daenerys Targaryen schmiedet aus Übersee fleißig Allianzen, und Sansa Stark hat blutige Rache am missbräuchlichen Ehemann Ramsay Bolton geübt und sich als die entscheidende Strategin in der Schlacht der Bastarde erwiesen. Gerade bei Sansa Stark hätte das globale Publikum nicht mit einer solchen Wendung gerechnet.

Sansa Stark (gespielt von Sophie Turner) wird gleich in der allerersten Folge eingeführt als die älteste Tochter von Lord Eddard Stark und seiner Frau

© Springer Fachmedien Wiesbaden GmbH, ein Teil von Springer Nature 2020
B. Biehl, *Leadership in Game of Thrones,* Serienkulturen: Analyse – Kritik –
Bedeutung, https://doi.org/10.1007/978-3-658-29301-7_5

Catelyn Stark. Während ihre Brüder reiten und Bogen schießen, widmet sie sich als braves Mädchen traditionell weiblich der Handarbeit mit Nähen, Stickereien und Liedern und zeigt keine besondere Initiative. Sie träumt davon, einen Prinzen zu heiraten und mit ihm wie im Märchen glücklich bis an das Lebensende zusammenzuleben. Auch dieses Stereotyp wird von *Game of Thrones* erbarmungslos und über viele Staffeln hinweg zerlegt, bis Sansa selbst schließlich verkündet: „Ich lerne langsam. Aber ich lerne" – „I'm a slow learner. It's true. But I learn." (S07E07). Von ihrer anfänglichen und festsitzenden Naivität und Romantik wird Sansa schon in der ersten Staffel brutal kuriert, denn der auserwählte Prinz, Joffrey Lennister, zeigt sich zunehmend gewalttätig und sadistisch und zwingt sie, in Königsmund die Hinrichtung ihres Vaters mitanzusehen. Hier hilft kein Weinen und Flehen. Später wird Sansa ohne ihre Einwilligung mit dem kleinwüchsigen Tyrion Lennister verheiratet, der allerdings auf den Beischlaf zum Ehevollzug verzichtet und sie mit Respekt behandelt. Nach ihrer Flucht aus der Hauptstadt und ihrem Aufenthalt im Grünen Tal überredet Petyr Baelish sie zu einer Hochzeit mit Ramsay Bolton, die mit einer Vergewaltigung beginnt und weiteren sexuellen und psychischen Missbrauch nach sich zieht. Aus diesem Loch entkommt Sansa und organisiert, dass die Ritter des Grünen Tals für sie bei der Schlacht der Bastarde kämpfen, was ihr den Sieg sichert. Nachdem sowohl der Nachtkönig als auch Cersei und Daenerys besiegt werden, steigt Bran „der Gebrochene" zum König der Sechs Königslande auf. Sansa erklärt den Norden für unabhängig und residiert zum Ende der Erzählung als „Königin des Nordens" auf Winterfell.

Das wäre nicht zu erwarten gewesen, denn die Serie wurde heftig kritisiert wegen der Darstellung von Gewalt gegen Frauen, Vergewaltigungsszenen und Unterdrückung in männlichen Machtstrukturen. Auch ist das Fantasy-Genre mit Jungfrauen in Nöten und übergriffiger Ritterlichkeit generell nicht gerade bekannt für seine fortschrittliche Darstellung weiblicher Rollen. Aber die Zeiten ändern sich, und so ändert sich auch Literatur, Film und Fernsehen. Martin hat bereits starke Charaktere in der Vorlage angelegt, aber die TV-Adaption zeigt diese Jahre später noch aktiver und mit mehr Kante für eine Gesellschaft, die bereit ist für Frauen in Führung, die keine Objekte, sondern gestaltende Subjekte sind.

Der Umbruch der Machtverhältnisse mit den neuen Storylines der weiblichen Charaktere könnte mit der öffentlichen Empörung über die zunächst frauenfeindliche Haltung der Serie zu tun haben, argwöhnte etwa der *Economist* (Prospero 2016): Aus kompletten Handlungssträngen wurde weibliche Selbstbestimmung herausgeschrieben, die letzte Thronerbin Myrcella Lennister wurde nicht fast gekrönt, sondern ermordet, die andere Kandidatin Shireen Baratheon auf dem Scheiterhaufen verbrannt, die führende Frau des Hauses Stark, Sansa, vergewaltigt. Die Popkulturseite Mary Sue wandte sich angeekelt ab, die amerikanische Senatorin Claire McCaskill schaltete aus und erklärte sich auf Twitter, wo ihr viele andere folgten (Robinson 2015). Andere jedoch sehen einen Trend von Empowerment nach Unterdrückung und als unerwartete Folge von Missbrauch (Elwood 2018), der durchaus langfristig in der Serie angelegt sei. Ob die Screenwriter nun auf das entnervte Publikum gehört haben, oder lediglich dessen Geduld über die Schmerzgrenze hinweg testen wollten um Anlauf zur kathartischen Vergeltung zu nehmen: Die Serie ist ein Spiegel unserer Zeit und Frauen dringen zunehmend, aber mühsam, in die obersten Führungsebenen auch in der Wirtschaftswelt vor.

Traditionell war Weiblichkeit in der Wirtschaftswelt der komplette Gegensatz von effizienter Führung, die ausschließlich als männlich in Praxis und Theorie definiert wurde (Sinclair 1995, S. 27). Frauen gelten dort im herkömmlichen Denken per se als ineffizient und inkompatibel mit dem Konzept von Führung. Heute bringen Frauen zunehmend erfolgreich ihre starke Weiblichkeit mit körperlichem Selbstbewusstsein ein und die Leadership-Praxis und die Forschung zum Thema hat sich über die letzten Jahrzehnte weiterentwickelt (Broadbridge und Simpson 2011). Dennoch wird ihr bisweilen vorgeworfen, sie sei blind gegenüber Gender-Fragen, die noch lange nicht gelöst sind. Die Frauen in *Game of Thrones* hingegen können diesbezüglich als die Augenöffner aus dem Fantasy-Mittelalter gelten. Catelyn Stark nutzt ihren Einfluss als Ehefrau und Mutter im Krieg der fünf Könige und agiert als Botschafterin für ihren Sohn Robb. Cersei behauptet sich in Königsmund. Arya Stark, die jüngste Tochter der Stark-Familie aus Winterfell, wird vom Tomboy zur Gemeinwaffe und ersticht selbst die größte Bedrohung der Serie, den Nachtkönig, mit dem eigenen Dolch. Daenerys wird von der verkauften Kinderbraut zur „Mother of Dragons" und schließlich – wenn auch nur kurz – zur totalitären Herrscherin. Sansa mausert sich vom naiven Püppchen zur Kriegsstrategin, die den Kampf der Bastarde für sich entscheidet, Winterfell verwaltet und schließlich Petyr Baelish für seinen Verrat hinrichten lässt.

In den meisten dieser Geschichten sind Motive zu erkennen wie Berufung, Weigerung, Weg der Prüfungen, Wiedergeburt und schließlich Sieg über den Feind. In der Reise der Heldinnen spiegelt sich die Grundstruktur der Heldenreise, die der Mythenforscher Joseph Campbell erforscht hatte, und die auch in das moderne Coaching von Führungspersonen eingeflossen ist (Trobisch et al. 2017). Für jede Führungsperson lohnt es sich, die Stationen im Zyklus der Entwicklung zu kennen, zu identifizieren, und reflektiert in Angriff zu nehmen. *Game of Thrones* illustriert diese persönlichen Reisen auch mit den sich verändernden Kostümen. Die Outfits spiegeln die langsame Verwandlung stereotypisch femininer, naiver und unterwürfiger Charaktere.

Cersei Lennister mausert sich von einer hellblonden Lady am Hof in Königsmund in fließenden Gewändern mit Vogelstickereien, die dann zu Löwen wurden, zu einer düsteren Königin im gepanzerten Korsett. Sansa Stark tritt zu
Anfang unsicher in wallenden, weichen Pastellfarben auf und passt sich auch mit
Flechtfrisuren und verschiedenen verspielten Hairstyles ihrer neuen Umgebung
in Königsmund an. In der ersten Staffel ziert eine Libelle als Schmuckstück
den Hals der jungen Prinzessin, die zwar ebenso leicht und fragil wie Sansa
erscheint, aber noch mehr verrät: Symbolisch steht die Libelle für Wandel, Trans-
formation, Anpassungsfähigkeit und Selbstverwirklichung und verweist auf
mentale und emotionale Stärke. Dies beweist die Lady von Winterfell, während
so viele andere um sie herum die Nerven verlieren. Nach ihrem langen Leidens-
weg erscheint Sansa in der letzten Staffel im hochgeschlossenen, rüstungsartigen
Lederriemen-Korsett (Abb. 1): Der Halbkreis der groben Metallkette symboli-
siert Einheit und weibliche Macht, die Nadel steht für ihre eigene Nähkunst und
stellt eine Verbindung zum gleichnamigen Schwert der Schwester dar, die Leder-
rüstung schützt ihren Körper nach den traumatischen Erfahrungen von Gewalt,
sexuellem Missbrauch und Verrat (Wischhover 2019). Das Power-Outfit fiel
dem internationalen Publikum in den sozialen Netzwerken auf, und verkündet
im Kleidungs-Vokabular der Serie dem Zuschauer deutlich den Machtanspruch,
den Sansa in der letzten Staffel als Königin eines unabhängigen Nordens einlöst.
Diese Art Bayern von Westeros sichert sie sich als Freistaat unter ihrer Führung.

Cersei, Catelyn, Daenerys, Asha und Sansa bewältigen unterschiedliche
Hindernisse im Kampf um die Macht und repräsentieren dabei verschiedene
weibliche Archetypen, was ein seltenes Thema im Medien-Mainstream ist.
Gerade in Bezug auf die Leadership-Thematik sind diese Geschichten der Frauen
relevant, denn Führung ist mit Sexualität verbunden, etwa durch Sprache (Linstead und Maréchal 2015) und auch Verhalten, auch wenn die Forschung auf diesem Gebiet dies lange Zeit nicht thematisiert hat. Sinclair (1995) hat untersucht,
dass effektive Führung häufig bedeutet, „heroisch", „hart" und „maskulin" zu
sein, und, dass sowohl männliche als auch weibliche Führungspersonen die Glei-
chung aufstellen: Leadership ist gleich maskuline Heterosexualität. Weiblichkeit
passt kaum zu solchen weit verbreiteten Vorstellungen von Leadership.

Oft haben die Anführerinnen im Kampf um die Macht ihre stereotypen weiblichen, i.e. sanfteren Seiten verloren. Daenerys übt ihre Macht aus durch Drachen,
die in der Fantasy-Welt Gestalt gewordenen Massenvernichtungswaffen, oder
schlagkräftige männliche Konsorten, die das Töten für sie übernehmen. Selbstbewusstsein, Grausamkeit, Aggressivität und die Bereitschaft zum Einsatz von
Gewalt sind klassische maskuline Züge, die Daenerys internalisiert hat und recht

Abb. 1 Dressed for
success. Pastellfarben sind
bei Sansa Stark definitiv
out. (GoT, USA, S08E04,
2019, HBO, YouTube)

hemmungslos nach außen zeigt („Dracarys!"). Arya Stark und Brienne von Tarth,
als „harte Frauen" erscheinen vom Geschlecht her oft neutral, führen ihre Waffen wie die Männer, und identifizieren sich selbst nicht als „eine Lady". Brienne
wird in der letzten Staffel von Jamie Lennister zum Ritter geschlagen, und erhebt
sich als „a knight" (S08E02). Arya Stark (gespielt von Maisie Williams) lässt sich
nicht führen und folgt niemandem, sie ist eine Einzelgängerin, verachtet Autori-
täten und übt als gesichtslose Killerin ausführliche Selbstjustiz aus. So ist sie eine

der wenigen Personen, die sich kaum einordnen lassen und weitgehend außerhalb des ubiquitären Führungsdiskurses handeln. Westeros kehrt sie schlussendlich den Rücken und in der letzten Folge sieht man Arya auf einem Schiff in bisher unbeschriebene Gewässer aufbrechen.

Game of Thrones zeigte zu Anfang den Zusammenhang von Macht und Geschlecht als sexuelle Gewalt gegen unterlegene Frauen. Da dies hohe mediale Aufmerksamkeit generierte, lohnt es sich, über das Thema Sexualität in die Analyse von Führung einzusteigen. In Serien wie auch im öffentlichen und wirtschaftlichen Leben wird männliche Sexualität als normal akzeptiert. Sie wird in das Leben in Organisationen integriert, denn sie trägt zur Effizienz bei. Sexualisiertes Verhalten wird traditionell als „Dampf ablassen", „dazu gehören" und „normal männlich" aufgefasst (Gutek 1985). Das sieht man etwa in der TV-Serie *Mad Men* und dem Protagonisten Don Draper. Als umtriebiger Kreativ-Direktor absolviert er einen straffen Tagesablauf zwischen Meetings, Schäferstündchen und Alkoholmissbrauch. Auch sexuelle Belästigung und Affären am Arbeitsplatz zwischen Führungsetage, Sekretärinnen und anderen Frauen auf meist niedrigen Hierarchiestufen werden ausgiebig auf dem Bildschirm ausgetragen. Sex ist hier in Ordnung, wenn er der Person mit Macht dient, also dem Mann (Gutek 1985, S. 32). Wie geschildert hat sich die Leadership-Praxis und -Theorie gerade in den letzten zwanzig Jahren weiterentwickelt, über die personenzentrierten und phallozentrischen Perspektiven hinaus, und heute zeigen Fernsehsendungen wie *Game of Thrones,* dass Leadership nicht immer maskulin sexuell konnotiert sein muss. Jeder Leader hat hier Sex, auch die Frauen, und auch Menschen verschiedener Geschlechter mit Behinderung.

Sinclair (1995) empfahl schon in den 1990er Jahren, eine frauenzentrierte Debatte über Sexualität und Führung zu führen, damit Frauen sich nicht im Gegensatz zu einer Norm von Männlichkeit ausrichten müssen, sondern ihr sexuelles und intellektuelles Selbst in Führungsrollen einbringen können. Auf diesem Weg ist auch die populäre Kultur weiter fortgeschritten und in *Game of Thrones* können wir Rollenmodelle sehen, die ihre Sexualität offen verhandeln. Das Mittelalter-Fantasydrama eignet sich viel besser als Reflexionsfläche als Büroserien wie *Mad Men,* in der weibliche Kämpfe realistischerweise viel subtiler ausgefochten werden müssen. Nackt aus dem Scheiterhaufen zu steigen wäre im Office etwas over-the-top. Von dem dahinterstehenden Denken jedoch lässt sich einige Inspiration für die Zuschauerin gewinnen.

Für heterosexuelle Männer fallen traditionell sexuelle Identität und akzeptiertes Führungsverhalten zusammen, während Frauen ihre wahrgenommene Sexualität aktiv managen, also entweder verstecken oder bestimmten Stereotypen entsprechen müssen, was am Selbstbewusstsein nagt (Sinclair 1995, S. 35).

So hat Sinclair vier Kategorien ausgemacht und an zwei Achsen aufgetragen, die Macht (niedrig/hoch) und Sexualität (niedrig/hoch) aufspannen. Im ersten Quadranten „wenig Macht/niedrige Sexualität" verneinen die Frauen ihre Weiblichkeit in einem maskulin dominierten Umfeld, tragen unauffällige Kleidung, erwähnen weder ihr Privatleben und bisweilen nicht einmal ihre Kinder. Gerade dieser Punkt hat sich in den letzten Jahrzehnten geändert, wobei weibliche Körper immer noch beurteilt werden und gerade Schwangere sich auf Arbeit verstecken (Gatrell 2011). Der Sektor „wenig Macht/hohes sexuelles Bewusstsein" spiegelt die Erfahrungen vieler Frauen in sexualisierten und diskriminierenden Arbeitsumgebungen wieder – hier könnten wir viele der berufstätigen Frauen in der Serie *Mad Man* einordnen. Im Feld „hohe Macht/niedrige Sexualität" finden sich Frauen in Führungspositionen, die ebenfalls ihre Sexualität verbergen. Im Feld „hohe Macht/hohes sexuelles Bewusstsein" behaupten sich Frauen in Führungspositionen mit ihrer vollen körperlichen und weiblichen Präsenz, bringen ihr Baby mit zur Arbeit, und verteidigen sich mit Humor und Energie, wenn es nötig ist. Dafür brauchte die hart kämpfende Bürochefin Joan Harris in *Mad Men* mehrere Staffeln.

Eindrückliche Beispiele solcher Modelle zeigt uns *Game of Thrones* weniger am Anfang, sondern mit dem Verlauf der Folgen. Als eines der ersten Beispiele neben der später folgenden Melisandre und Daenerys lässt sich Lysa Arryn in das Feld mit hoher Macht und hoher Sexualität einordnen. Lysa Arryn (gespielt von Kate Dickie) ist die archetypische Mutter und karikiert überzeichnet. Sie sitzt auf dem Thron von Hohenehr (im Original: The Eyrie) nach dem Tod ihres Gatten und isoliert sich und ihren Sohn mit einer scheinbar paranoiden Wahrnehmung. Damit könnte sie zu den geistig erkrankten Charakteren der Serie zählen, die ihre Rolle neben anderen fehlbaren spielen. Lysa entblößt ihre Brüste und säugt ihren Sohn viele Jahre jenseits des Säuglingsalters vor allen Anwesenden auf dem Thron. Das ist eigentlich ein fast rebellischer Akt, da sie damit den männlichen Herrschaftsraum ganz anders besetzt.

Heather Höpfl (2000, S. 99) beschrieb, dass in Führungskontexten oft kein Raum für Frauen bleibt, mit ihren menstruierenden, Milch produzierenden, Gerüche absondernden Körpern. Das sieht man wortwörtlich in Organisationen, in denen Frauenkörper in bestimmten Büros zusammensitzen, während sie kaum noch in den männlich dominierten oberen Fluren zu sehen sind. Ann Rippin (2015) sieht diese Verdrängung weiblicher Körper aus Machtbereichen ebenso, denn Frauen würden als Ablenkung wahrgenommen, ihr Eindringen in den männlichen Raum als unerlaubtes Betreten und Akt der Aggression: „That is worth thinking about in a post-feminist landscape. Organisations are arenas for men to be men, for male violence, symbolic or otherwise. What shall the women do other than hold the coats and roll the bandages?" (Rippin 2015, S. 121). Auch in Westeros sind die Machtbereiche gerade in den ersten Staffeln immer von Männern dominiert. Cersei ist nur eine von vielen am Tisch des Beratungsgremiums in Königsmund, erst nach dem Tod von Robert, Joffrey und Tommen sitzt sie selbst auf dem Thron. Catelyn wird als Beraterin von Robb erst nach Eddards Tod eingebunden. Ähnlich ist es in anderen Schlössern und in Essos, wohin Daenerys langsam vordringt. Das Einnehmen des Herrschaftsraums endet für die angeschlagene Lysa Arryn allerdings nicht erfolgreich, denn sie wird von einem Mann manipuliert (Petyr Baelish) und schließlich hochsymbolisch durch das große Loch im Boden in die Tiefe gestoßen.

Wer sich schon früh in den obersten Kreisen der Macht bewegt als anderes Beispiel für hohe Sexualität und hohe Macht, ist die Rote Priesterin Melisandre (gespielt von Carice van Houten). Als Beraterin von Stannis Baratheon unterstützt sie seinen Weg auf den Eisernen Thron, er glaubt an sie und den Herrn des Lichts, und sie wird unersetzlich für ihn. Melisandre als gutaussehende in Schmuck und roten Kleidern verpackte femme fatale erlangt Macht, indem sie ihre Weiblichkeit ausspielt und ihren Körper einsetzt. Nicht zuletzt verführt sie Stannis sexuell und gebiert hyperweiblich-spirituell ein Schattenmonster. Ist sie eine feministische Ikone, die ihre spirituelle Macht einsetzt und Machtverhältnisse umkehrt, also Männer, Gegner oder eigens gewählte Opfer auf dem Scheiterhaufen verbrennt, wo sich einst die europäische mittelalterliche Gesellschaft unangepassten Frauen entledigte, um ihre Machtstruktur zu festigen? Der Charakter der Priesterin bedient sich Vorstellungen des Neopaganismus und im speziellen der Wicca, die popkulturell ein langes Hoch erleben (Pearson 2002). Die moderne Hexe sucht Spiritualität und hat das Bedürfnis, eigene Macht und Stärke wiederzuentdecken und auch für andere durch Aussehen und Kleidung zu inszenieren, mithilfe von Kräuterkursen und vielfältigen Beratungs- und Anleitungsbüchern. Melisandre kann man als Beispiel des neoliberalen Feminismus sehen, da sie individuelle Freiheit und Autonomie und ihre eigene Stimme verkörpert. Allerdings zeigt sich auch hier die fehlende Kritik am System, in dem sie agiert. Sie erlangt Macht mit und durch ihren Körper, der eigentlich der einer alten Frau ist, aber durch ein Zauber-Amulett jung erscheint. Das funktioniert im patriarchalischen System in Westeros und ihre Privilegien kann sie nur mit Unterstützung der jeweiligen mächtigen Männer ausüben. Beim Tode Stannis' zieht sie weiter zum nächsten Mann. Für diese Person lässt sich Feminismus, Spiritualität und Sexualität nur für Männer in männlichen Machtstrukturen ausüben. Auch solche Führungspersonen kennt das globale Publikum aus eigener Erfahrung.

Wer an viel Macht und hohen Körpereinsatz denkt, kommt an der sehr weiblichen „Mother of Dragons" nicht vorbei. Sie geht kaum ohne ihre „Kinder" zur Arbeit, gerne in körperbetonten Kleidern, mit Dekolleté und blonder Langhaarfrisur, und lässt regelmäßig Gegner töten, die ihr dumm kommen. So geschehen beim Sklavenhändler Kraznys mo Nakloz aus Astapor, dem sie die Armee der Unbefleckten abnimmt (S03E04). Bei den Treffen hört Daenerys sich stillschweigend derbe sexuelle Anzüglichkeiten in Kraznys' Sprache an, während die Dolmetscherin Missandei diese in der Übersetzung vertuscht. Er wähnt sich in Sicherheit, nennt sie Bitch, lobt ihren Hintern, nennt sie ignorante Nutte, und beleidigt ihre Gefolgschaft (riecht nach Pisse, taugt nur als Schweinefutter). Er ist der prototypische Geschäftsmann der Oberschicht und der herrschenden Klasse, aus einem überheblichen und menschenverachtenden Männernetzwerk, das kleine Jungen kastriert und in der Soldatenausbildung systematisch misshandelt hat. Bei der Übergabe der Armee im Tausch gegen einen der Drachen zieht dieser an der Kette und lässt sich nicht bändigen, woraufhin Daenerys enthüllt, dass Valyrisch ihre Muttersprache ist, und mit bösem Blick ihrem Drachen den tödlichen Feuerstoß befiehlt.

Kraznys (zu Missandei):	Tell the bitch her beast won't come.
Daenerys:	A dragon is not a slave.
Kraznys:	You speak Valyrian?
Daenerys Targaryen:	I am Daenerys Stormborn of the House Targaryen, of the blood of Old Valyria. Valyrian is my mother tongue. (dreht sich zu den Soldaten): Unsullied! Slay the masters, slay the soldiers, slay every man who holds a whip, but harm no child. Strike the chains off every slave you see!
Kraznys:	I am your master! Kill her! Kill her!
Daenerys:	Dracarys.

Genugtuung beim Publikum. Die Szene ermöglicht den Zuschauern ein befriedigendes Gefühl der Vergeltung, das mal wieder nicht subtil ist, so wie vergleichbare Auseinandersetzungen in der Arbeitswelt geregelt werden, sondern einfach mal brutal und direkt. Daenerys, Mhysa, geht mit männlichen Machttypen generell wenig zimperlich um. Beispielsweise nagelt sie nach der Eroberung von Yunkai die Meister an Kreuze am Wegesrand. Auch ihren soziopathischen Bruder Viserys, der sie eingeschüchtert und verkauft hatte, ihr drohte, sie vergewaltigen zu lassen und ihr Baby aus dem Bauch zu schneiden, liefert sie ihrem ebenfalls genervten Mann Kahl Drogo aus, der ihn mit flüssigem Gold übergießt. Das globale Publikum war immer auf ihrer Seite und identifizierte sich mit der Person, genoss ihre Erfolge und ihre Rache.

Das Publikum ist dabei, als sie gleich einem Phönix aus der Asche ihres toten Mannes stieg und dabei ihre Drachenbabys ausgebrütet hatte. Mythisches Empowerment! Das ist mal ein Beispiel, wie man sich selbst in extrem miesen Zeiten nicht unterkriegen lässt. Das Publikum ist dabei, wie die einst vergewaltigte Teenagerin ihre sexuelle Selbstständigkeit entdeckt und vollbekleidet ihren nächsten Lover, den nackten Daario Naharis ausführlich mit dem weiblichen Starren oder „female gaze" bedenkt (S04E07). Das Publikum nickt komplizenhaft, als sie die Versammlung alter Khals, die ihr wie damals Viserys mit Gruppenvergewaltigung droht, kalt lächelnd wirkungsvoll in Feuer aufgehen lässt.

Daenerys bemächtigt sich nach den schlechten Erfahrungen konsequent selbst jenseits eines patriarchalischen Rechtssystems, dem sie nicht mehr trauen kann, und das sie ablehnt. Sie nimmt Bestrafung und Vergeltung selbst in ihre kleine, feuerresistente Hand und verfolgt eine außer-juristische Selbstverwirklichung mit dem Potenzial, die komplette patriarchalische Ordnung zu zerstören (Elwood 2018, S. 122). Sie ist eine Waise und Witwe mit realer politischer Macht, mit Drachen und Eunuchen-Armee und dem Geburtsrecht des Thronerbes, mit einem Sinn für Handeln frei von männlichem Einfluss. So wurde die schlecht erzählte und überschnelle Entwicklung ihres Charakters hin zur Wahnsinnigen zwar als irgendwie erklärbare Reaktion einer über einen längeren Zeitraum mehrfach traumatisierten Person gedeutet, aber vor allem als Betrug am Feminismus und Verrat an der Rolle gesehen (Keelty 2019). Was gut konstruiert begann, endete bedauerlicherweise mit einer Frau, die auf dem Drachen sitzt und nicht mehr verständliche Rache übt, sondern die Nerven verliert. Das fällt zurück in das alte Klischee der Hysterikerin.

Jede Anführerin ist in gewissem Sinne extrem und grenzt sich von den anderen ab, und so gießt *Game of Thrones* eine Bandbreite an zeitgemäßen Ideen über Leadership in weibliche Formen. Die andere der mächtigen Herrscherinnen, Cersei Lennister, entwickelt sich ähnlich wie Sansa und Daenerys und die anderen starken Frauen als Anführerin weiter und wappnet sich im Verlauf der Erzählung wortwörtlich mit der schweren Robe als symbolischer Rüstung – eine ähnliche optische Verwandlung wie bei Sansa. Bei Cersei jedoch wird diese Rüstung so fest und schwer, dass niemand mehr zu ihr durchzudringen scheint. Dramaturgisch und visuell ist diese Entwicklung hin zur Isolation sehr deutlich und ergiebig und lässt sich auch als eine Warnung verstehen.

Literatur

Broadbridge, A., & Simpson, R. (2011). 25 years on: Reflecting on the past and looking to the future in gender and management research. *British Journal of Management, 22*(3), 470–483.

Elwood, R. L. (2018). Frame of Thrones: Portrayals of rape in HBO's Game of Thrones. *Ohio State Law Journal Furthermore, 79*(1), 113–137.

Gatrell, C. (2011). Policy and the pregnant body at work: Strategies of secrecy, silence and supra-performance. *Gender, Work & Organization, 18*(2), 158–181.

Gutek, B. (1985). *Sex and the workplace: Impact of sexual behaviour and harassment on women, men and organizations.* San Francisco: Jossey Bass.

Höpfl, H. (2000). The suffering mother and the miserable son: Organizing women and organizing women's writing. *Gender, Work & Organization, 7*(2), 98–105.

Keelty, C. (2019). How Game of Thrones sabotaged Emilia Clarke and betrayed Daenerys Targaryen. https://medium.com/@keeltyc/how-game-of-thrones-sabotaged-emilia-clarke-and-betrayed-daenerys-targaryen-977887b88da4. Zugegriffen: 1. Aug. 2019.

Linstead, S. A., & Maréchal, G. (2015). Re-reading masculine organization: Phallic, testicular and seminal metaphors. *Human Relations, 68*(9), 1461–1489.

Pearson, J. (2002). *Belief beyond boundaries: Wicca, celtic spirituality and the new age.* Burlington: Ashgate.

Prospero. (2016). Game of Thrones. Women rule westeros. How strange. *The Economist,* 27. Juni. https://www.economist.com/prospero/2016/06/27/women-rule-westeros-how-strange. Zugegriffen: 1. Aug. 2019.

Rippin, A. (2015). Feminine writing: Text as dolls, drag and ventriloquism. *Gender, Work & Organisation, 22*(2), 112–128.

Robinson, J. (2015). Outcry over rape in Game of Thrones causes creators to change their approach for season. *Vanity Fair.* https://www.vanityfair.com/hollywood/2015/12/game-of-thrones-rape-season-6. Zugegriffen: 1. Aug. 2019.

Sinclair, A. (1995). Sexuality in leadership. *International Review of Women and Leadership, 1*(2), 25–38.

Trobisch, N., Kraft, D., Denisow, K., & Scherübl, I. (2017). *Das Heldenprinzip: Kompass für Innovation und Wandel.* Wiesbaden: Springer Gabler.

Wischhover, C. (2019). Stark's leather armor shows why you shouldn't underestimate her. https://www.vox.com/the-goods/2019/4/22/18511097/game-of-thrones-sansa-stark-leather-armor-costumes. Zugegriffen: 1. Aug. 2019.

Isolation (Cersei Lennister)

6

Zusammenfassung

Cersei Lennister liebt sich selbst, ihren Zwillingsbruder (Teil ihrer Selbst) und ihre eigenen Kinder (Erweiterungen ihrer Selbst). Sie verkörpert einen stark personenzentrierten, machtbewussten Führungsstil. Damit ist sie nicht nur im imaginierten Mittelalter mit seinen autokratischen Herrschaftsformen bestens aufgehoben, sondern befindet sich auch in prominenter Gesellschaft der traditionellen Leadership-Forschung. Die weibliche Figur wird aufgrund ihres Kalküls abgelehnt. Sie zeigt auch, wie Beziehungslosigkeit zu Einsamkeit und Isolation wird und das Scheitern bereits in sich trägt.

Schlüsselwörter

Personenzentrierte Führung · Macht-über Führungsstil · Selbstzentriertheit · Patriarchat · Frauenfeindlicher Diskurs

Cersei Lennister liebt sich selbst, ihren Zwillingsbruder (Teil ihrer Selbst) und ihre eigenen Kinder (Erweiterungen ihrer Selbst). Sie stellt ihre eigene Progenese über alles, wie sie einmal deutlich zu ihrem verzogenen Sohn Joffrey sagt: „Everybody who isn't us is our enemy". Sie verkörpert einen Führungsstil, der sich als stark personenzentriert, machtbewusst und sogar als isoliert beschreiben lässt. Dieser Stil hat seine Geschichte. Cersei ist die einzige Tochter von Tywin und Joanna Lennister von Casterlystein. Sie kommt mit einem Zwillingsbruder Jaime auf die Welt, ihr anderer Bruder Tyrion folgt einige Jahre später. Die Mutter stirbt im Kindsbett, Cersei gibt Tyrion die Schuld, kneift das wehrlose Baby zunächst in seinen Schniedel und quält ihn über die nächsten Jahrzehnte weiter. Obwohl

© Springer Fachmedien Wiesbaden GmbH, ein Teil von Springer Nature 2020
B. Biehl, *Leadership in Game of Thrones,* Serienkulturen: Analyse – Kritik – Bedeutung, https://doi.org/10.1007/978-3-658-29301-7_6

sich Cersei und ihr Zwillingsbruder Jamie in ihrer Kindheit kaum in ihrem Aussehen unterscheiden, werden sie getrennt in geschlechtsspezifischen Disziplinen unterrichtet – was Cersei nie begriff, da sie sich durchaus als gleichberechtigt ansieht. Die Geschwister beginnen eine inzestuöse Beziehung, die während Cerseis Ehe zu König Robert Baratheon und darüber hinaus aufrecht erhalten wird. Ihre drei Kinder Joffrey, Myrcella und Tommen gibt Cersei als die Kinder des Königs aus. Anderen Menschen traut sie gar nicht und traut ihnen auch gar nichts zu.

Mit einem solchen Führungsansatz ist sie nicht nur im imaginierten Mittelalter mit seinen autokratischen Herrschaftsformen bestens aufgehoben, sondern befindet sich auch in prominenter Gesellschaft der traditionellen Leadership-Forschung. Die historisch dominanten Ansätze konzentrieren sich auf die Führungsperson selbst und beschreiben sie als Macht- und Einflussmenschen, die Gruppen und Organisationen maßgeblich steuern und beeinflussen. Das klassische Leadership-Stereotyp sieht die einzelnen Personen als die motivierende Kraft, die die Anhänger zur Aktion ruft und zum Erfolg führt (Bass 1985). Das Klischee der Anhänger (Follower) ist das der Empfänger von Einfluss, die Anweisungen und Direktiven ohne größeren Widerstand oder Initiative befolgen. Aus dieser Auffassung ergibt sich, dass die Leadership-Forschung bis etwa zum Jahr 2000 eine Forschung von „Führern" und „Untergebenen" war (Uhl-Bien et al. 2014, S. 84).

Hier verortet sich der Aufbau der Rolle von Cersei, die sich als zentrale Herrschaftsperson über Untergebene begreift, zunächst jedoch unter König Robert versucht, Einfluss auszuüben und nach seinem Tod eingeschränkt wird von ihrem Vater und ihrem außer Kontrolle geratenen Sohn Joffrey, der kurzzeitig regiert. Ihren Stil kann man als „Macht über" (Power-over) beschreiben, als eine Art Zwangsgewalt, etwa in Abgrenzung zu Mary Parker Follett's (1949) „Macht durch" (Power-with). Während Ansätze des „Macht durch" oder „Macht mit" relational sind, also das gemeinsame Gestalten und auch das Hin und Her von Anweisungen umfassen, geht es bei Cersei ganz konkret nur um eine Person: sie selbst, ihre Interessen, und ihre Macht.

Dabei fällt Cersei weniger unter die sogenannten charismatischen Leadership-Modelle (Bass 1985), die ebenfalls Macht über andere ausüben. Charismatische Anführer wirken positiv auf Anhänger und ermutigen damit Gefolgschaft. Das performative Prinzip hinter charismatischer Führung – dass man positiv wirkt, auch wenn man so nicht notwendigerweise ist, sondern erscheint – hat Cersei ganz berechnend im Griff und ermutigt auch ihren Sohn, den Schein zu wahren und sein wirkliches Gesicht nicht jedem zu zeigen. Ganz konstruktivistisch erklärt sie, dass Wahrheit durch Darstellung entstünde („Someday, you'll sit on the throne, and the truth will be what you make it.") und die gelegentliche nette Geste einem viel Ärger erspart („The occasional good gesture will spare you many troubles." S01E03). Zum charismatischen Leader, der durch gute Rhetorik und Ausstrahlung die Anhänger motiviert, reicht es bei Cersei aber nicht. Sie ist kaum beziehungsorientiert und besitzt keinen gesteigerten Antrieb, auf das Volk und andere einzuwirken und eine wie auch immer geartete positive und stabile Beziehung aufzubauen. Als die Verlobte ihres Sohnes, Margaery, aus Impression Management-Gründen ein Waisenhaus besucht, strahlend zum Volk winkt und im positiven Echo emotional badet, rümpft Cersei die Nase. Ihre Selbstbezogenheit geht so weit, dass ein autokratischer Führungsstil ihre erste Wahl ist.

Die Abgeschlossenheit und Isoliertheit von Cerseis Figur wird durch erzählerische Mittel in *Game of Thrones* verstärkt. George R.R. Martin benutzt im Buch eine Erzählstrategie des point-of-view (Anglberger und Hieke 2012, S. 93). Die Handlung wird aus Perspektive der dritten Person beschrieben, aber nicht aus einer allwissenden Perspektive. Der Gemütszustand der erzählenden Figur wird aus der Sicht einer dritten Figur beschrieben, und der innere Zustand wird als Zitat der Gedanken aus Sicht der ersten Person dargestellt (so heißt es über Eddard am Totenbett des Königs Robert: „Joffrey ist nicht dein Sohn, drängte es ihn zu sagen, doch die Worte wollten nichtherauskommen.") Cersei wird weder im Buch noch in der Serie von verschiedenen Perspektiven beleuchtet und so lernen wir nie ihre Gefühlswelt, ihre wahren Intentionen und moralischen Überlegungen kennen, und können nicht ergründen, was für ein Mensch sie wirklich ist.

Diese Isolation und Selbstzentriertheit wird auch durch die Positionierung ihrer Figur im Geschehen verstärkt. In einer männerdominierten Welt kämpft Cersei um die Macht mit allen Mitteln. Ihr Dilemma: Das Patriarchat widerstrebt ihr, dennoch agiert sie innerhalb der vorgegebenen weiblichen Möglichkeiten im männerdominierten Westeros. Des Öfteren beklagt sie, im Körper einer Frau geboren worden zu sein, trägt als Kind die Kleider des Zwillingsbruders und schleudert dem unfähigen König Robert im Streit einst entgegen: „I should wear the armor and you the gown." Obwohl Cersei ihr Schicksal im weiblichen Körper beklagt, kommt sie aus ihrer weiblichen Rolle nicht heraus, verachtet gar andere adlige Frauen wie Arya Stark und Brienne von Tarth („groß, hässlich" – „a huge, ugly, shambling thing"), die ihre weiblichen Attribute nicht mehr hervorheben, sondern sich im männlichen Kampf- und Waffentraining schulen.

Cersei hält bisweilen kurze Reden, warum Frauen mehr Macht haben sollen, trifft aber auf Unverständnis, vor allem beim autokratischen Vater. Tywin: „Du wirst Sir Loras heiraten." – „Das werde ich nicht ... Ich bin die Königin der Sieben Königslande und keine Zuchtstute! Die Königin Regentin!" Dass ihre politische Funktion die einer Zuchtstute ist, weiß Cersei. In der Politik von Westeros wird Cersei beziehungsweise ihr weiblicher Körper als Werkzeug eingebunden. Frauen sind keine politischen Bürger in einem System der Allianzen, oder mögliche Herrscher, so wie die Männer, sondern ihre Körper sind biopolitische Werkzeuge: gesunde Körper, fruchtbare Körper, gebärende Körper. Der weibliche Körper dient dem Interesse der politischen Herrschaft.

Genau dem verweigerte sich Cersei bereits, allerdings nicht offen politisch, sondern auf eine Art, die sich als anti-feministisch beschreiben lässt. In den ersten Staffeln greift sie auf typische weibliche Vorgehensweisen zurück wie Ränkeschmieden, Intrigieren und Aufstacheln. Dem verhassten Ehemann entledigt sich sie nicht in einem Kampf, sondern durch hinterhältiges Vergiften aus der Hand eines Dritten. Sie bietet ihren eigenen Körper Männern an (wie ihrem Cousin), selbst wenn sie sie nicht mag (etwa Euron Graufreud), im Austausch für Gefälligkeiten. Der Biopolitik verweigert Cersei sich zumindest geschickt, indem sie sich von ihrem Zwillingsbruder schwängern lässt und die Erbfolge ihres Gatten sabotiert, wenn drei Thronfolger nicht von ihm stammen. Auch hier hat Cersei gesellschaftlich schlechte Karten: Eddards Bastard und König Roberts uneheliche Kinder werden als adelige Missgriffe akzeptiert, aber wenn die Königin Kinder mit ihrem Bruder zeugt, ist es ein nationales Verbrechen. Nicht zuletzt, da sie die Rolle als Objekt ihres Mannes nicht erfüllt. Schon Simone de Beauvoir schreibt über die Frau als Eigentum ihres Mannes und der Untreue als größtes angenommenes Verbrechen. Dem Bruder Jamie, der genauso am Inzest beteiligt ist, wird diese Verfehlung neben seinen zahlreichen anderen kaum vorgehalten.

So ließe sich Cerseis angenommene Falschheit als Widerstand gegen die patriarchale Kultur sehen. Sie benutzt ihre Weiblichkeit als biopolitischen Widerstand, setzt ihre Sexualität strategisch ein und schreckt auch vor Mord nicht zurück. Sie erfüllt schlichtweg geschlechtsbezogene Erwartungen an tugendhafte, reine und hilflose Weiblichkeit nicht.

Wenig Verständnis gibt es von zentralen männlichen Protagonisten, und auch von den heutigen Fernsehzuschauern, die weiblicher Hilflosigkeit im System oftmals wenig Sympathie entgegenbringen. Das Patriarchat zu verachten, aber dennoch vornehrum lächelnd mitzumachen zählt für keinen als zufriedenstellende emanzipatorische Lösung. Zwar handelt Cersei gegen das männliche Wertesystem, aber durch ihren Widerstand wird sie nicht zur Rebellin oder Heldin, ganz im Gegenteil.

Im populären Diskurs bekommt der Charakter der Cersei sein Fett weg: Sie wird als weinerlich und schwach bezeichnet – eine Zuschreibung, die den charismatischen Jon Snow üblicherweise nicht ereilt, obwohl doch er noch mehr Zeit damit verbringt, sich zu beklagen und nicht führen zu wollen. Cersei ist „hintertrieben",

„verlogen", eine Schlampe oder „Bitch". Es passiert regelmäßig, dass weibliche Charaktere herausgegriffen und mit anderen Standards beurteilt werden als die männlichen. So beschreibt die Schauspielerin Anna Gunn (2013) in der *New York Times* das „Charakterproblem" der Serienfigur Skyler White als Frau des drogendealenden, krebskranken Chemielehrers und späteren Drogenbarons Walter White in *Breaking Bad*. In Hinblick auf den jahrelangen Sturm an Online-Beschimpfungen in sozialen Medien und auf zahlreichen „Hate Sites" sagt Gunn: Skyler White ist zum Hassobjekt geworden, viele Menschen haben ein Problem mit starken, nicht-unterwürfigen und misshandelten Frauen. Schließlich schlug der Hass auf Skyler auf die Schauspielerin selbst um, wobei Zuschauer nicht mehr zwischen Rolle und Person trennen wollten, sondern sie direkt angriffen. Was hat Skyler getan? Sie ist die Antagonistin zu Walter, dem Mann, der ausbricht („breaking bad"). Skyler will nicht still mitziehen, sondern entzieht dem kriminellen Ehemann das Vertrauen, schläft mit ihrem Chef und serviert dem krebskranken Walter ganz und gar unmännlichen vegetarischen Bacon zum Frühstück. Sie will ihn von der internationalen Drogenkriminalität abhalten und hat Angst um den behinderten Sohn. Sie wird zur Zielscheibe all jener, die denken, Männer seien generell zu Großem und Aufregendem bestimmt und würden ständig von ihren hasenfüßigen Frauen zurückgehalten, verweichlicht und quasi kastriert. Das Publikum ist ganz auf Walters Seite, Skyler wird die „annoying bitch wife". Dieses Schicksal teilten in geringerem Ausmaße Carmela Soprano aus *The Sopranos,* die auch nicht immer mitspielte, und Betty Draper aus *Mad Men,* die den saufenden, dauerabwesenden aber gutaussehenden Werbeagenturfuzzi Don einfach sitzenließ: „Männliche Charaktere scheinen diese öffentliche Aufregung und Ablehnung nie hervorzurufen", bilanziert Gunn (2013).

Diese gesellschaftlich verankerte Frauenfeindlichkeit trifft viele weibliche Seriencharaktere und auch Frauen im alltäglichen Leben und auch im Berufsleben in Führungspositionen. Egal, ob man den Charakter mag oder nicht, Beschimpfungen sind mit unserer gesellschaftlichen Realität verbunden und bestimmen, wie Frauen gesehen werden. Wer sie „Bitch" nennt, propagiert eine Art über Frauen zu sprechen, die althergebracht und sexistisch ist. Andersherum ist dies im populären Diskurs schon möglich, wenn es um die selbstgewählte Benennung als solidarische und feministische „Bitch" geht, die etwa die deutsche Rapperin Lady Bitch Ray im Magazin *Der Spiegel* vorstellt (Hoffman und Stuff 2018):

> Eine Bitch ist eine Frau, die selbstbestimmt und kritisch handelt, sie suhlt sich nicht in ihrer Opferrolle, sie ist solidarisch mit anderen Frauen. Jede Frau kann eine Bitch sein, egal wie alt sie ist, aus welcher sozialen Schicht sie kommt oder welchen ethnischen Hintergrund sie hat. Eine Bitch ist eine verfickte Feministin.

Bei Cersei Lennister fehlt solidarischer Feminismus, und die negative Grundhaltung des globalen Publikums wird noch verschlimmert durch den deutlichen Egoismus und Narzissmus, die den Charakter prägen. Cersei ist nicht nur leaderzentriert in ihrem eigenen Machthandeln, sondern durch und durch narzisstisch. Cersei liebt sich selbst und Erweiterungen ihrer Selbst wie ihren Zwillingsbruder und ihre eigenen Kinder. Sie stellt ihre Kinder über alles, deklariert alle anderen als Feinde, und verliert dadurch den analytischen Blick. Ihre unsympathische Weiblichkeit schließt sie aus und versagt ihr eine weibliche Solidarität und Empathie der anderen Frauen in *Game of Thrones* und auch der Zuschauerinnen. Manche können zumindest ein wenig gutheißen, dass sie alles für ihre Kinder gibt – was aber auch wieder der traditionelle Zug einer archetypischen Mutterfigur ist.

Cerseis Charakter gleitet weiter ab, sie wird zum Klischee der emotionsgetriebenen und irrationalen Frau: Eifersucht und Paranoia treiben ihr Handeln an. Cersei hat ständig Angst, ersetzt zu werden und wird die archetypische Hera: Wiederholt und jahrelang betrogen von König Robert, lässt sie seine unehelichen Kinder aufspüren und töten, und lässt die Mütter als Sklavinnen verkaufen. Auch die Hera in der griechischen Mythologie beobachtet eifersüchtig die zahlreichen Liebschaften von Zeus, drückt ihren Ärger aber stereotyp weiblich durch Schmollen oder hinterlistiges Verfolgen der Kinder aus, aber ohne aktiven Widerstand. Auch Cersei leidet und hat Angst – nicht zuletzt ist die Quelle der Paranoia die Hexe Maggy the Frog (S05E01), die ihr einst prophezeite, von einer anderen Frau ersetzt zu werden.

Cerseis Handeln wird Paranoia, Instabilität, Ungeduld und Unvorsichtigkeit. So trickst Tyrion seine Schwester mehrmals aus. Einmal macht Cersei triumphierend die als Köder hingehaltene und ihr selbst ähnelnde Prostituierte als seine Geliebte aus und bestraft sie zu Unrecht. Cersei sieht oft nicht klar und identifiziert mögliche Allianzen außerhalb ihrer Kleinfamilie als bloße Bedrohung. Margaery und ihre Familie, die Tyrells, werden wegen ihres Einflusses über Joffrey zu Rivalen und nicht zu eigentlich benötigten Verbündeten.

Die Unzulänglichkeiten dieses stark personenzentrierten und nicht beziehungsorientierten Ansatzes sieht man in einer Szene, in der Cersei und Margaery Tyrell durch die Septe spazieren und über ihre bevorstehenden Ehen mit Loras Tyrell und Joffrey sprechen. Margaery: „Wir werden bald Schwestern sein, wir sollten Freunde sein." Daraufhin erklärt Cersei ausführlich die Bedeutung des Liedes „Der Regen von Castamaer" (im Original: The Rains of Castamere) über die zweitreichste Familie – ähnlich der Tyrells – die schlussendlich von den Lennisters vernichtet wurde. Cersei: „Wenn Sie mich jemals wieder Schwester nennen, werde ich Sie im Schlaf erwürgen." (S03E08). Eine von Cerseis Führungsstrategien sind Drohungen, die andere auf Distanz halten. Als sie einmal ihre Wachen anweist, „Kleinfinger" zu packen und zu töten, bleibt der letzte Schritt aus, viele ihrer Drohungen werden aber umgesetzt.

Cerseis Figur zeigt uns überzogen die genderspezifische Erfahrung von Führungspersonen in der Öffentlichkeit. Aufgrund ihres Geschlechts ziehen Frauen Faszination und Abneigung gleichzeitig an, und eine gestiegene Aufmerksamkeit gegenüber ihrem Aussehen und ihrem Verhalten (Mavin und Grandy 2016; Höpfl 2000). Einen Tiefpunkt stellt Cerseis Gang der Buße von der Septe von Baelor zurück zum königlichen Roten Bergfried (im Original: Red Keep) dar. Nackt mit kurzgeschorenen Haaren wird Cersei vom Glaubensführer, dem Hohen Spatzen, auf Weg geschickt und vom grölenden Volk bespuckt, mit Abfällen und Unrat beworfen und beschimpft, bis sie blutend, dreckig und humpelnd das Tor erreicht. Cersei werden Unzucht und Inzest vorgeworfen. Das Volk ist eine Klassengesellschaft, ein White Trash, ein Lumpenproletariat, das Lady Olenna Tyrell als „thieves and rapists" bezeichnet hatte, dreckig, laut und sexuell anzüglich. So kann man die Freude des Volkes am Gang der Buße auch als Rache der Unterprivilegierten lesen, die privilegierte und mit allen möglichen Kapitalformen ausgestattete Herrscher eben auch gerne einmal scheitern sehen – so wie das globale TV-Publikum es generell gerne sieht, wenn Mächtige mal stolpern und fallen.

Komplementär dazu steht in *Game of Thrones* die Szene, in der die charismatische Daenerys als weißer, reiner Körper in der dunklen Menge der befreiten Sklaven von Yunkai badet, hochgehoben wird und verehrt wird. So zeigt die Serie das Spektrum, auf dem weibliche Körper in (politischen) Führungspositionen symbolisch verhandelt werden. Sie werden abgeurteilt und bestraft in Bezug auf Verhalten und sexuelle Moral – während die Sexualität von gewalttätigen männlichen Charakteren sozial unbeachtet und unbestraft bleibt – und vor allem werden die weiblichen Körper verehrt, wenn sie „rein" erscheinen.

Cersei wird diesen Akt der sexuellen Gewalt, den Gang der Buße, später rächen durch großflächige, brutale Vergeltung nicht an den Tätern aus dem Volk, sondern an dem Glaubenshaus als traditionale, religiöse Institution. Mit hochexplosivem Seefeuer zerstört Cersei die Große Septe von Baelor. Bei der Explosion sterben alle Sektenangehörigen, der Hohe Spatz, die Richter des Gerichts und jeder Bürger, der sich in der Septe befindet, der Großteil der Familie Tyrell, darunter Margaery und der Erbe Loras. Cersei operiert wie andere weibliche Opfer von Gewalt vorsätzlich jenseits der unzulänglichen Gesetze (Elwood 2018, S. 122) und setzt sich selbst ganz praktisch und physisch zur Wehr. Ihre Rache zerstört die patriarchalen Strukturen und Quelle sexueller Gewalt im materiellen und wortwörtlichen Sinne: den Gerichtssaal, das „Recht", die Religion, die staatliche Machtbalance.

Diese Form der Vergeltung scheint überinklusiv und befindet sich nicht nur jenseits oder außerhalb gesetzlichen Denkens, sondern steht schlichtweg im Gegensatz dazu. Cersei zerschlägt diese Strukturen der Unterdrückung und steigt damit selbst als autokratische Herrscherin auf den Thron. Dort sitzt sie schluss-endlich sehr alleine, ohne einen Großteil ihrer Familie und ohne Kinder, da ihr letzter lebender Sohn sich nach dem Tod seiner geliebten Margaery in der Septe verzweifelt aus dem Fenster stürzt. Alleine sitzt sie im Dunkel, mit ent-schlossenem und verschlossenem Gesicht, die Kleidung ebenfalls dunkel, hoch-geschlossen, ein Panzer, die welligen hellblonden Haare nach dem Gang der Buße kurz und verdunkelt.

Passé sind die fließenden, femininen Kleider und die Verwandlung zur düs-teren Königin im gepanzerten Korsett ist abgeschlossen. Zur Krönung (S06E10) erscheint sie in einer dunklen Robe aus Leder und schwerem Stoff, silbern und schwarz strukturiertem Brokat-Stoff, mit hohem Hals und großen metallenen Schulterklappen, die vorne und hinten mit einer Kette verbunden sind. Eine majestätische Rüstung, in der die Lennister-Farbe Gold als Machtsymbol erhalten bleibt, das Rot aber durch Schwarz ersetzt wird. Schwarz gilt als Trauerfarbe nach dem Tod ihres Sohnes, verweist aber auch auf ein totes Gefühl in Cersei selbst und das unbändige Verlangen nach Macht um jeden Preis, wie es die mit einem Emmy ausgezeichneten Kostümdesignerin Michele Clapton der *Vanity Fair* erklärte (Miller 2016). Die komplexe Schichtung verschiedener und schwe-rer Stoffe zeigt, dass diese Metamorphose keine einfache ist. Die klare Silhouette mit eckigen Schultern und Metall übertritt genderspezifische Kleidungsgrenzen, erinnert an ihren machtbewussten Vater Tywin Lennister, ist aber exquisiter und härter. Von der Figur innerhalb männlicher Strukturen und vom Opfer männlicher Gewalt wird Cersei zur dominierenden Herrscherin.

Distanziert und beziehungslos sitzt sie auf dem Thron, rechts neben ihr in Komplettrüstung mit Helm der Handlanger Ser Gregor Clegane, links ihre Hand Qyburn als ehemaliger Maester der Zitadelle, dem die Kette abgenommen wurde als er verbotene Experimente an Menschen durchführte. Der einzige Vertraute Jamie steht weitab auf der Balustrade, ein emotionsloser Blick wird gewechselt. Abgeschnitten von anderen verkörpert sie als Führungsperson eine extreme Form des leader-zentrierten Führungsmodells, und das Gegenteil von beziehungs-orientierter, relationaler Führung. Das Selbstzentrierte war in ihrer Rolle schon von Anfang an angelegt, aber nicht ganz offen ausgeprägt, bis jetzt: gepanzert, einsam und isoliert.

Die Ansicht erinnert im Kontext der populären Kultur an die Papst-Studien des irischen Malers Francis Bacon. Cersei nimmt nach der Vernichtung des Hohen Spatzen als lokale Institution des Glaubens auch die spirituelle Führungsrolle ein.

Im Kontext der Isolation und der Macht ergibt sich eine Verbindung zu Bacon, der sich an Velasquez' Bildern der Päpste orientierte, aber die Diskrepanz zwischen dem Anspruch der Rolle und den menschlichen Möglichkeiten visuell zuspitze. Bacons Papst-Studien setzen den Pontifex auf einen goldenen Thron und nehmen zugleich auch Abstand: Papst Innozenz X ist von einem streifenartigen Schleier verhüllt und wird quasi in einen goldenen Käfig gebannt, sein Gesicht ein zerfließendes, formloses Gebilde, eine einzige Wunde.

Auch die Leadership-Forschung hat sich mit den Querverbindungen solcher Bilder und heutigen Führungsmodellen beschäftigt: Beatrix Acevedo (2011) sieht in Bacons Papst-Studien die grausame und hoheitsvolle Darstellung ebenso wie die kritische Illustration der Isolation durch die Autorität des Papstes. Für organisationale Führung bieten diese künstlerischen und ästhetischen Artefakte wichtige Erkenntnisse: Die alleinige Konzentration auf die zentrale Führungsperson ist trügerisch und lässt uns vergessen, dass andere Elemente zu guter Führung dazugehören. Niemals ist der Einzelne für Erfolg und Misserfolg alleine verantwortlich, sondern das Zusammenspiel von Leadern und Followern im politischen und wirtschaftlichen Kontext. Führung ist kein individuelles Event, sondern ein sozialer, relationaler Prozess.

Solche Kunstwerke im populären Diskurs sind damit auch als ästhetische Warnung vor charismatischen und personenzentrierten Führungsmodellen zu sehen, denn statt Charisma als sozialer Einbildung sieht man Vereinsamung. Porträts von Machthabern sind historisch gesehen Werkzeuge für den Aufbau und die Verbreitung von Charisma, denn die visuellen Darstellungen fördern die Verfestigung des Eindrucks auf die Untergebenen in einer Herrschaftsbeziehung, die nicht nur rechtlich oder traditionell legitimiert, sondern auch von Charisma getragen werden kann (Weber 2005). Der Künstler Bacon invertiert dieses Herrschaftsinstrument und zeigt einen mächtigen aber von allen anderen Menschen isolierten Leader, dessen überhöhte Individualität einen Käfig produziert hat, in dem er gefangen ist (Abb. 1). So muss es sich innerlich anfühlen, wenn sich alles um eine Führungsperson dreht und diese maßlose Beachtung erhält. So muss sich Cersei fühlen (Abb. 2).

Die Serie *Game of Thrones* agiert als populäres Kunstwerk ähnlich wie der Maler Bacon. Die filmischen Mittel dienen auch einer Routinisierung des Charismas, beispielsweise können die Close-ups und die Rahmung einer Person wie Cersei auf dem Thron distanziert und erhöht wirken, majestätisch, dem Charisma zuträglich sein. So wird es an vielen Stellen in *Game of Thrones* verhandelt, Leader werden konstruiert und dekonstruiert. Auf den zweiten Blick ist die pompöse Inszenierung Cerseis im Thronraum Bacons Papststudien ähnlich und eine kritische Darstellung von Macht und charismatischer Führung.

Abb. 1 Ein stummer Schrei. Study after Velázquez's Portrait of Pope Innocent X, Purchased with funds from the Coffin Fine Arts Trust; Nathan Emory Coffin Collection of the Des Moines Art Center, 1980.1. Photo credit: Rich Sanders, Des Moines

Sie zeigt das Düstere, die Beziehungslosigkeit, die Perspektivlosigkeit und Ankündigung des Todes in einem isolierten Führungsmodell. Dieses Düstere und die Vorboten des Todes schleichen sich wie eine Krankheit und hinterhältig in den Werdegang von Herrschern und Herrscherinnen ein, obwohl man es weder bei der anfangs leichten und blonden Cersei geahnt hätte, noch bei der unschuldigen und zunächst engelsgleich inszenierten Daenerys. Daenerys Targaryen, wird anders als Cersei vom Volk geliebt und von ihrer Entourage, wählt aber ebenfalls einen Weg, auf dem sie zunehmend alleine geht – mit dem höchsten aller Risiken.

Abb. 2 Auch ein stummer Schrei. Cersei einsam auf dem Thron, als Oberhaupt des Staates und der Kirche. (GoT, S06E10, USA, 2014, HBO, YouTube)

Literatur

Acevedo, B. (2011). The screaming pope: Imagery and leadership in two paintings of Pope Innocent X. *Leadership, 7*(1), 27–50.

Anglberger, A., & Hieke, A. (2012). Lord Eddard Stark, Queen Cersei Lannister: Moral judgments from different perspectives. In H. Jacoby (Hrsg.), *Game of Thrones and philosophy. Logic cuts deeper than swords* (S. 87–98). Hoboken: Wiley.

Bass, B. M. (1985). *Leadership and performance beyond expectations*. New York: Free Press.

Elwood, R. L. (2018). Frame of Thrones: Portrayals of rape in HBO's Game of Thrones. *Ohio State Law Journal Furthermore, 79*(1), 113–137.

Follett, M. P. (1949). *The essentials of leadership*. London: Management Publications Trust.

Gunn, A. (2013). I have a character issue. *New York Times*. https://www.nytimes.com/2013/08/24/opinion/i-have-a-character-issue.html. Zugegriffen: 1. Aug. 2019.

Höpfl, H. (2000). The suffering mother and the miserable son: Organizing women and organizing women's writing. *Gender, Work & Organization, 7*, 98–105.

Hoffman, C., & Stuff, B. (2018). Lass uns über Sex reden- *Der Spiegel*. https://www.spiegel.de/spiegel/sex-talk-neun-voellig-unterschiedliche-menschen-reden-ueber-sex-a-1199647.html. Zugegriffen: 1. Aug. 2019.

Mavin, S., & Grandy, G. (2016). A theory of abject appearance: Women elite leaders' intra-gender ‚management' of bodies and appearance. *Human Relations, 69*(5), 1095–1120.

Miller, J. (2016). Game of Thrones finale: The secret symbolism in Cersei's badass gown. *Vanity Fair*, 28. Juni. https://www.vanityfair.com/hollywood/2016/06/game-of-thrones-season-6-finale-cersei-dress. Zugegriffen: 1. Aug. 2019.

Uhl-Bien, M., Riggio, R., Lowe, K., & Carsten, M. (2014). Followership theory: A review and a research agenda. *The Leadership Quarterly, 25*(1), 83–104.

Weber, M. (2005). *Wirtschaft und Gesellschaft*. Frankfurt: Zweitausendeins.

Charisma (Daenerys Targaryen)

7

Zusammenfassung

Daenerys Targaryen ist die Sturmtochter, Mutter der Drachen, Khaleesi des großen Grasmeeres und der Unverbrannten, sowie Sprengerin der Ketten. Die Figur ist aufgebaut um einen Führungsstil, der sich als charismatisch bezeichnen lässt. Daenerys inszeniert sich mit Architekturen, Drachen und ihrem Körper und arbeitet an ihrem Charisma, denn die anderen Formen sozial akzeptierter Anerkennung sind für sie als Abkömmling eines besiegten Königs im Exil nicht gut zu beanspruchen. Sie wird auf Händen getragen, angebetet, respektiert – bis sie am Schluss abhebt und totalitär scheitert.

Schlüsselwörter

Charismatische Führung · Impression Management · Selbstinszenierung · Rhetorik · Male gaze

Daenerys Targaryen (gespielt von Emilia Clarke) ist die Sturmtochter, Mutter der Drachen, Khaleesi des großen Grasmeeres und der Unverbrannten, sowie Sprengerin der Ketten. Die Figur ist aufgebaut um einen Führungsstil, der sich als charismatisch bezeichnen lässt, aber am Schluss totalitär scheitert. Daenerys arbeitet stark an ihrem Charisma, denn die anderen Formen sozial akzeptierter Anerkennung sind für sie als Abkömmling eines besiegten Königs im Exil nicht gut zu beanspruchen.

Daenerys Targaryen ist die Tochter von König Aerys II. Targaryen, dem Irren König, und seiner Schwester-Gemahlin Rhaella. Im Zuge seiner erfolgreichen Rebellion gegen das Haus Targaryen besteigt Robert Baratheon als König den

© Springer Fachmedien Wiesbaden GmbH, ein Teil von Springer Nature 2020
B. Biehl, *Leadership in Game of Thrones,* Serienkulturen: Analyse – Kritik – Bedeutung, https://doi.org/10.1007/978-3-658-29301-7_7

Eisernen Thron, und die damals mit Daenerys schwangere Rhaella flieht auf die Insel Drachenstein, dem letzten Bollwerk der Familie. Daenerys' nächtliche Geburt begleitet ein gewaltiger Sturm, der ihr den Beinamen „Sturmtochter" einbringt. Die Mutter stirbt, Daenerys und ihr Bruder Viserys bleiben zurück und werden von einigen letzten loyalen Anhängern über das Meer nach Osten in die Freien Städte in Sicherheit gebracht. Dort vergehen die Jahre und der ältere Bruder versucht, Verbündete für die Rückeroberung der Königslande in Westeros zu finden. Dafür verkauft er Daenerys an den Dothraki-Fürsten Khal Drogo, der als Gegenleistung in baldiger Zukunft eine Armee stellen soll. Das Leben zu Pferd im rauen Reiterstamm ist für Daenerys zunächst eine Tortur, sie wird von ihrem Mann seit der Hochzeitsnacht regelmäßig vergewaltigt und wie eine Sklavin behandelt – bis sie Dank Nachhilfestunden ihrer vorher im Rotlichtmilieu tätigen Magd ihre Sexualität selbstbewusst einzusetzen vermag, Anerkennung des Khals in einer liebevolleren Beziehung findet und als Khaleesi der Horde erste Befehle gibt. Dem ehrgeizigen Bruder missfällt diese Machtverschiebung und Drogo übergießt den zunehmend fordernden und nervenden Viserys eines Tages mit flüssigem Gold – worauf die von ihm entfremdete Daenerys trocken feststellt, dass sie mit einer solchen Feuerempfindlichkeit nicht der wahre Drache und damit legitime Erbe des Hauses Targaryen sein könne. De facto besitzt sie die Superkraft der Feuerresistenz und merkt, dass sie selbst Macht besitzen und zurücknehmen will, was vermeintlich ihres ist: den Eisernen Thron. In Königsmund erwartet man dies und König Robert schickt auf die Nachricht von Daenerys' Schwangerschaft einen erfolglosen Meuchelmörder. Drogo hingegen stirbt bald an einer Racheaktion nach einer Plünderung, das gemeinsame Kind kommt tot zur Welt, und Daenerys setzt mit einer zunächst kleinen Gefolgschaft ihren Weg zur Herrschaft fort. Sie brütet die drei Drachen Drogon, Viserion und Rhaegal aus, erobert die Städte Astapor, Yunkai und Meereen und schafft dort die Sklaverei unter ihrer Herrschaft ab. Schließlich reist sie nach Westeros zurück, trifft Jon Snow, verhandelt in Königsmund und reist gen den Norden, um im Großen Krieg gegen die Weißen Wanderer zu kämpfen und schlussendlich Königsmund und den Eisernen Thron zu erobern – wenn auch nur kurz.

In der Geschichte vom Aufstieg und Fall Daenerys' wird der Widerstreit von verschiedenen Formen anerkannter Herrschaft verhandelt. Max Weber (2005, S. 157) hatte diese als legale, traditionale und charismatische Autorität beschrieben. Diese Machtformen und ihre permanente Infragestellung und Verhandlung verwendet *Game of Thrones* als strukturierende Elemente der Narration.

Die Sturmtochter Daenerys wird über die Episoden und Staffeln hinweg ihr Charisma beständig steigern. Die anderen sozial akzeptierten Ansprüche auf Herrschaft vermag sie kaum effektiv zu nutzen, obwohl auch sie in ihrer

Argumentation stets von ihrem vermeintlichen Geburtsrecht als Thronerbin ausgeht. Zentral in der mittelalterlichen Fantasy-Story ist, was Weber erstens als die Legitimierung rationalen Charakters (legale Herrschaft) beschreibt: Die Herrschaft beruht auf dem Glauben an die Legalität gesetzter Ordnungen und „des Anweisungsrechts der durch sie zur Ausübung der Herrschaft Berufenen", wobei also akzeptiert wird, dass die Herrschenden qua ihrer „legalen" Macht Entscheidungen durchsetzen können. Hierzu zählen die legitimen Herrscher der jeweiligen Häuser in Westeros, also die anerkannten Söhne und bisweilen auch Töchter der Oberhäupter der Häuser wie Robb Stark oder Joffrey Baratheon, der zunächst als tatsächlicher Sohn König Roberts galt. Die unehelichen Kinder oder Bastarde werden in Westeros konsequent diskriminiert und müssen kämpfen – man denke an Ramsay Bolton (gespielt von Iwan Rheon), der sich durch übersteigerte Loyalität in Form von exzessiver Grausamkeit im Sinne des Familienwappens (der gehäutete Mann) schließlich die Anerkennung des Vaters als zulässigen Erben sozusagen „erfoltern" kann. Daenerys lässt sich zwar als „rechtmäßige Erbin" des Eisernen Throns ankündigen, wobei aber dieser Anspruch nach der Vertreibung der Familie ins Exil umstritten ist. Das nächste Haus hat sich mit seinen „rechtmäßigen" Erben bereits in Position gebracht und kaum jemand in Königsmund wartet auf die Rückkehr eines Targaryens, besonders nicht nach dem verheerenden Abgang des Irren Königs.

Zweitens erleben wir in der Geschichte die Legitimierung traditionalen Charakters (traditionale Herrschaft): Diese Form beruht auf dem Alltagsglauben an die Heiligkeit von akzeptierten und gelebten Traditionen, wobei spirituelle Anführer wie etwa der Hohe Spatz in der Septe in Königsmund spezielle Autorität für sich in Anspruch nehmen können. Ähnliches gilt für die Maester, die nach ihrer Ausbildung in der Zitadelle in Westeros als Lehrer, Heiler, Rabenhüter und Wissenschaftler fungieren. Auch in diesem Feld kann Daenerys nicht wirklich punkten. Somit konzentriert sie sich auf die noch übrig gebliebene charismatische Variante.

Die Legitimierung charismatischen Charakters (charismatische Herrschaft) ist die dritte Möglichkeit nach Weber (2005): Die Anhänger unterwerfen sich der von einer Person geschaffenen Ordnung, weil sie heldenhaft, vorbildlich, und nicht alltäglich und damit verehrenswert erscheint. Charismatische Führung wird in *Game of Thrones* mit Daenerys und auch mit Jon Snow in Verbindung gebracht. Jon Snow gilt als Bastard ohne legale Herrschaftsansprüche, und setzt sich auch aufgrund seiner als charismatisch wahrgenommenen Art bei der Nachtwache und später im Norden durch. Auch Daenerys besitzt keine legale Legitimation, denn die Targaryen-Familie hat den Thron an den Baratheon/Lennister-Clan verloren und kann nur auf einzelne Unterstützer zählen, wie den einflussreichen

Händler Illyrio Mopatis aus Penton. Dieser lässt Daenerys zumindest zur Hochzeit mit Khal Drogo drei versteinerte Dracheneier zukommen, die ihr Charisma später außerordentlich erhöhen. Das Volk jedoch wartet nicht auf die Rückkehr eines Targaryen, sondern verhält sich in seiner undemokratischen Position gleichgültig. Einige Parallelen zu moderner Führung werden hier offensichtlich: Um nach oben zu kommen müssen Einzelne die Unterstützung von Schlüsselpersonen erhalten und dann durch charismatische Erscheinung die Masse gewinnen. Hier verkündet Daenerys Verbesserung für die Armen, die Schwachen und Entrechteten, sie will das „Rad der Macht" in Westeros brechen, den Zyklus der reichen Familien, die die anderen unter sich traditionell zermalmen.

Es ist Daenerys' Anliegen, bei ihren Gefolgsleuten und ihren einflussreichen Mitspielern aus den oberen Machtschichten gut anzukommen und so setzt sie viele Techniken der Eindruckssteuerung ein, die gewöhnlich im Zusammenhang mit charismatischer Führung stehen. Da personalistische Führungstheorien den Erfolg in Eigenschaften des Führenden sehen, wurde Charisma oft im Sinne von Max Webers Verständnis der „Gnadengabe" oder auch im Sinne der „Ausstrahlung" der jeweiligen Person selbst zugeschrieben. Die Führungsperson „hat" angeblich Charisma – oder sie hat es eben nicht. Charisma wird damit verstanden als die Begnadung bestimmter Persönlichkeiten mit besonderen, außeralltäglichen Fähigkeiten in den Augen einer verehrenden Gemeinde und Anhängerschaft. Auf diese Art lässt sich Macht neben Tradition und rechtlicher Legitimation ausüben. Im Gegensatz zu den anderen Formen, die größtenteils aus der hierarchischen Macht des Führenden entspringt, entsteht charismatische Führung durch die Person des Anführers ihm Geführten. Die Beziehungsebene muss bei charismatischer Führung eigentlich automatisch mitgedacht werden.

Zunächst führte die psychologische Sichtweise auf Charisma im Kontext einer personenzentrierten Leadership-Forschung dazu, dass individuelle Wesenszüge „des Leaders" zu sehr herausgestellt wurden, während der soziale Kontext nicht genügend betrachtet wurde (Ladkin 2013). Personalistische Führungstheorien rücken zwar die Persönlichkeit des Führenden in das Zentrum ihrer Betrachtung, sehen aber das Charisma nicht als ein überdauerndes und situationsunabhängiges Merkmal wie beispielsweise die Intelligenz, sondern als ein Konstrukt, das sich in ganz bestimmten Situationen, wie etwa einer Krise, formiert. Soziologische Sichtweisen und sogar theaterwissenschaftliche Betrachtungen sehen Charisma als etwas, was nicht an einer einzelnen Person hängt, sondern aus sozialer Interaktion heraus entsteht. Charismatische Führung ist ein Phänomen, das sich aus der performativen Interaktion von Führern und Geführten ergibt. Es entsteht sozusagen zwischen den Menschen in einem schwer fassbaren „middle-space", der in körperlicher Präsenz vermittelt und verhandelt wird und sinnlich wahr-nehmbar ist (Ladkin 2013, S. 323).

Die Geschichten in *Game of Thrones* negieren durchgehend die Annahme, Charisma sei einer Person inhärent und Ausdruck von besonderer Begnadung, Fähigkeiten oder Kompetenz. Die Ausstrahlungskraft, die zur Reputation einer Person beiträgt, wird vielmehr als soziales Produkt und Resultat von Selbst-inszenierungstechniken gezeigt. Diese wurden etwa in Bezug auf unsere heutige Welt bereits von dramaturgischen Leadership-Perspektiven bei Auftritten von Top-Managern beschrieben (Biehl 2007; Harvey 2001). Solche Untersuchungen über Eindruckssteuerung oder Impression Management gehen zurück auf den Soziologen Erving Goffman (1959), der unsere soziale Interaktion als alltäg-liches Theaterspiel sah. Charismatisch wirkt der Einsatz von Blickkontakt und gekonntem Humor, kleinen Witzeleien, erpresstem Applaus und souveränen höf-lichen Reaktionen bei den Antworten, bei Auftritten helfen grelle Beleuchtung, dynamisches Bühnenbild und prominentes Rednerpult. Neben den Macht-symbolen wie den imposanten Thronen, der Kleidung der Herrschenden mit Rüstung, Gewändern und Schmuck versinnbildlichen in Westeros und Essos hohe Festungen, Schlösser und Abwehrbauten die Macht von Einzelnen und sol-len ihren Anhängern die nötige Achtung und Respekt abnötigen. Dazu zählt das imposante Winterfell, die Burg Hohenehr, der Rote Bergfried in Königsmund und andere architektonische Machtdarstellungen. Architektur ist eingespannt in die Produktion von Herrschaftsatmosphären: Imposante Schlösser präsen-tieren soziale Hierarchien und vermitteln über ihre Materialität und Präsenz ein ‚Gefühl' für die Anwesenheit dieser Strukturen in der Gesellschaft und die eigene Position in ihnen (Böhme 1995, S. 42). Das gilt auch für den Thronsaal in der Burg Drachenstein oder die Halle des Eisernen Throns in Königsmund.

Inszeniert wird Daenerys' Machtanspruch beim ersten Zusammentreffen mit Jon Snow auf Burg Drachenstein in der Schwarzwasserbucht, an der Ostküste von Westeros, nahe Königsmund, dem Stammsitz des Hauses Targaryen (S07E03). Wie jede andere Führungsperson versucht Daenerys auch, mithilfe bestimmter theatraler Techniken überzeugende Auftritte zu absolvieren, und ihre Anhänger zu binden. Dazu gehört eine gewisse Idealisierung der Realität: Die Führungs-person soll eine Rolle präsentieren, die als glaubhaft, innerlich und moralisch gefestigt, auch als „heroisch" beschrieben wird (Gardner und Avolio 1998). Diese Idealisierung ist ein wichtiges Motiv, dessen sich auch Daenerys bedient. Jede Performance ist auch ortsspezifisch, gewinnt Bedeutung durch den Ort, seine Geschichte und Ästhetik. Hier hat Daenerys die atmosphärische Rückendeckung der traditionellen Herrschaft der Targaryens, innerhalb des imposanten Baus der Festung, die durch einzigartige valyrische Steinmetzarbeit errichtet wurde und sich durch den verwendeten Werkstoff Drachenstein auszeichnet. Daenerys sitzt auf dem dunklen, erhöhten Thron aus imposanten Steinplatten, die wie von seismischen Kräften zusammengeschoben sich über dem Treppenabsatz und einigen zusätzlichen Stufen erheben (Abb. 1). Auf Distanz stehen ihre Beraterin Missandei und die rechte Hand, Tyrion, noch einige Meter weiter entfernt warten etwas verloren die Besucher Jon Snow und Davos Seewert.

Durch Distanz entsteht auch in anderen kulturellen Inszenierungen etwas wie Ausstrahlung, Würde oder doch zumindest Autorität. Etwa präsentieren sich die deutschen Topmanager gegenüber ihren Aktionären immer auf erhöhten Podesten mit Stufen (Biehl 2007, S. 107). Die buchstäbliche Top-Etage thront dort stark erhöht und „erhaben" über dem Kleinaktionär, der vom Parkett aus und auf Knöchelhöhe während der Fragerunde in der Hauptversammlung seine anklagenden Reden schwingen darf. Die szenische Dominanz markiert und vertieft die räumliche und damit soziale und symbolische Separation und lässt deutlich Machtverhältnisse entstehen. Der abgrenzende Aufbau gibt einen Form gewordenen Persönlichkeitswert vor und wird zum Element von Vertrauensbildung. Nicht-hierarchische Bühnenkonzepte würden nicht die erwünschte Wirkung liefern. Erst die Distanz zu einer mächtigen Person – ob Daenerys, Politiker oder Manager – bietet Platz für den charismatischen Zauber. Jede Faszination verfliegt, sobald bei alltäglicher Selbstdarstellung kein Platz für Idealisierung,

Abb. 1 Geht auf Abstand zu den anderen: Mutter der Drachen, Sprengerin der Ketten, und so weiter. (GoT, USA, S07E03, 2017, HBO, YouTube)

Spekulation und Neugier bleibt. Auf Distanz gehen, im räumlichen, sozialen oder kulturellen Sinn, wird auch als Komponente von charismatischer oder heroischer Führung gesehen. Je größer die Distanz, desto höher ist der Freiraum, in dem die Magie des Charismas sich entfalten kann (Shamir 1995). Ohne diesen Freiraum, der in der Szene auf Drachenstein visuell großzügig umgesetzt ist, kann Charisma kaum entstehen.

Während räumliche Distanz unerlässlich ist, soll die symbolische Distanz üblicherweise etwas kleiner sein, um Identifikation von Führungsperson und Follower zu ermöglichen. Persönlich wird Daenerys in dieser Szene mit sanftem Lächeln und direkter Ansprache Jon Snows aber erst nach ihrer pompösen und symbolisch distanzierten Vorstellung. Im Theater heißt es so schön: Die anderen machen den König. Auf der Bühne geschieht dies üblicherweise, indem die anderen Darsteller sich in einem gewissen Abstand befinden und untertänige Gesten und auch die Stimme benutzen, um der zentralen Figur eine respektable Aura zu verleihen. Als Missandei Daenerys einführt, nennt sie mit lauter, schallender Stimmen mit passendem Pathos alle verfügbaren Titel. Diese entstammen einerseits mit Bezug auf Weber der verblassten legalen Autorität und waren, mit Bourdieu gesprochen, leicht über vererbtes Kulturkapital zu erlangen, aber dennoch eindrucksvoll. Andere Titel sind erst durch heldenhafte und damit charismatisch wirkende Leistungen wie die Befreiung der Sklaven erreicht worden (S07E03):

> You stand in the presence of Daenerys Stormborn of House Targaryen, rightful heir to the Iron Throne, rightful Queen of the Andals and the First Men, Protector of the Seven Kingdoms, the Mother of Dragons, the Khaleesi of the Great Grass Sea, the Unburnt, the Breaker of Chains.
> (Daenerys Sturmtochter aus dem Hause Targaryen, rechtmäßige Erbin des Eisernen Throns, rechtmäßige Königin der Andalen und der ersten Menschen, Beschützerin der Sieben Königslande, Mutter der Drachen, Khaleesi des großen Grasmeeres und der Unverbrannten sowie Sprengerin der Ketten.)

Wer sich diese Worte einmal laut vorliest, oder im Film mit der Stimme von Missandei (gespielt von Nathalie Emmanuel) im geschliffenen Bildungsduktus der Received Pronouniation anhört, dem kommt diese Art tendenziell bekannt vor. Eine solche distanzierende Präsentation ist kulturell gesehen nichts Neues. Vom Mittelalter bis in die heutige Wirtschaft ist die Präsentation aller verfügbaren Titel wie Positionsbezeichnungen, Adelstitel oder akademischen Titeln bei Events gang und gäbe (Biehl 2007, S. 99). Symbolische Autoritätssymbole wie Titel tragen mit anderen Elementen wie Aussehen, Körperhaltung und Stimme sehr viel mehr zum Impression Management bei, als der bloße Inhalt einer Botschaft. In diesem Moment sind die Gäste erst einmal an die Wand gespielt. Alle schweigen. Davos Seewert, der Jon nach Drachenstein begleitet hatte, versucht erst gar nicht, sich symbolisch zu behaupten: „This is Jon Snow". Pause. Blickwechsel. Und beeilt sich zu ergänzen: „King in the North", mit unfeinem Nord-Akzent [nɔːθ].

Jon fällt gegenüber dieser geballten Ladung an Wichtigkeit stark ab, wirkt aber dennoch selbst nicht uncharismatisch, ganz im Gegenteil. Seine positive Wirkung kommt aus einer anderen Selbstdarstellungstaktik, der ungewollten oder gewollten Untertreibung. Zwar heißt es, Vertrauensaufbau benötige Zeit, aber verschiedenste Studien haben bewiesen, dass mit einfachen Mitteln innerhalb kürzester Zeit Vertrauen aufgebaut werden kann (Galinsky und Schweitzer 2015, S. 149). Beispielsweise verschütten Kriminal-Psychologen bei der ersten ihrer meist dringenden Sitzungen mit Straftätern mal absichtlich Kaffee oder lassen ihre Brille fallen, verweisen auf ihre Schwerhörigkeit oder präsentieren andere Unzulänglichkeiten. Das senkt schnell die Abwehrbarrieren, sofern sie nicht ihre Kernkompetenzen infrage stellen (ein Arzt würde nicht zugeben, dass er nichts sieht). Der Bastard aus dem Hause Winterfell und sein Gefolgsmann stapeln tief, kommen unhöfisch und arglos herüber, und bringen die Drachenkönigin zumindest nicht gleich in die komplette Defensive.

Mit leicht amüsiertem Lächeln beginnt Daenerys ein Gespräch, in dem sie ihren Anspruch auf den Thron weiter unterstreicht. Jon ist aber nicht gekommen um das Knie zu beugen, sondern bittet um ihre Mithilfe im Krieg gegen den Nachtkönig. Er wird sich erst später symbolisch unterwerfen, wenn durch weitere Gespräche und gegenseitiges Zuhören eine relationale Verbindung zwischen Anführerin und Gefolgsmann aufgebaut wurde. Die bemüht charismatische Inszenierung hat dies nicht erreichen können. Der dominante Auftritt war etwas viel für Jon Snow, der beziehungsorientiert ist und als sozialisierter Bastard unter Lord Eddard Stark höfischem Pomp und Positionen kritisch gegenübersteht. So hat er diese Art der Interaktion auch gleich von Anfang an ins Leere laufen lassen.

Kritik an übermäßig charismatischen Führungspersonen hat die Managementforschung schon länger geäußert. So gibt der Wirtschaftswissenschaftler Rakesh Khurana (2002) zu bedenken, dass ein allseits bewundertes Charisma mit Ehrfurcht und Unterwerfung einhergeht und der weit verbreitete quasi-religiöse Glaube an die Fähigkeiten von Leadern mit Ausstrahlung aus mehreren Gründen problematisch ist: Erstens werde der tatsächliche Einfluss auf das Unternehmen überschätzt. Zweiten werden aufgrund der Vorstellung, dass ein CEO Charisma haben müsste, bei der Personalauswahl unauffällige aber fachlich qualifizierte Kandidaten übergangen. Nicht zuletzt könnten charismatische Unternehmensführer ein Umfeld entstehen lassen, in dem Respekt und Achtung zur wichtigsten Währung würden – eine instabile Führungsmethode. Daenerys hingegen kann sich zu diesem Zeitpunkt noch auf ihre Berater Tyrion und Varys verlassen, die mit Kritik und Vorschlägen im ständigen Austausch stehen.

Generell melden Follower aber auch Zweifel an charismatischen Lichtgestalten aus der Führungsetage an. Kommunikationsagenturen postulieren, dass der Ruf der Repräsentanten den Börsenkurs und Marktwert von Unternehmen beeinflusst, Mitarbeiter motiviert, Kunden bringt und zu barer Münze wird, im Falle von Topmanagern zum so genannten „CEO Capital" (Gaines-Ross 2003). Managementforscher jedoch haben einen weniger schmeichelhaften Zusammenhang zwischen dem Ruf des Chefs und der Unternehmensperformance festgestellt: Firmen von CEOs, die durch prestigeträchtige Ehrungen wie „Manager des Jahres" von der Wirtschaftspresse eine Art Superstar-Status erreicht hatten, haben beständig underperformt und blieben sowohl mit dem Kurs als auch mit der Rentabilität des eingesetzten Kapitals hinter vergleichbaren Unternehmen aus der Branche zurück (Malmendier und Tate 2009). Zunächst einmal ist es verständlich, dass große Erfolge nicht so einfach zu wiederholen sind. Allerdings wurde bewiesen, dass der Leistungsabfall mit einer Verhaltensveränderung einhergeht. Superstar-CEOs kosten Firmen signifikant mehr Geld als weniger prominente Kollegen, darüber hinaus konzentrieren sie sich nicht voll auf ihre Arbeit, sondern verbringen überdurchschnittlich viel Zeit mit außerunternehmerischen Aktivitäten wie dem Schreiben von Büchern oder Memoiren, die früher nicht gefragt gewesen wären, oder vereinen eine Vielzahl an Aufsichtsratsmandaten auf sich. Dann erfüllen solche CEOs noch überdurchschnittlich oft die Analystenerwartungen zwanghaft genau, weil sie ihr Ansehen halten wollen, und dafür ist meist ein „earnings management" nötig, das mehr oder minder starke „Frisieren" von Zahlen. Nicht zuletzt tendieren übertrieben selbstbewusste CEOs dazu, unrentable Investitionsentscheidungen zu treffen – ähnlich wie pseudo-mittelalterliche Machthaber, die ihre Ressourcen falsch einschätzen (Robb) oder die Lage unterschätzen (Eddard). Somit bezieht sich die Serie auch auf die Gefahren von charismatischer Aufladung.

Die erste große charismatische Inszenierung ist der Moment, in dem Daenerys unverbrannt aus dem Scheiterhaufen ihres Mannes Khal Drogo steigt (S01E10). Die Bezeichnung „The Unburnt" wird auch der erste von mehreren aktiv selbst erworbenen in der Reihe ihrer Titel. In der Szene im Finale der ersten Staffel erblickt der Zuschauer Daenerys und ihre Baby-Drachen, die sie im lodernden Feuer aus den versteinerten Eiern ausgebrütet hat. Die Kamera schwenkt heraus und die Hintergrundmusik wird schneller, aufgeregter. Die nächste Einstellung: ein long shot auf Daenerys, aufrecht, völlig nackt, zwei kleine Drachen auf der Schulter und in ihrer Hand, der dritte bedeckt ihr Geschlechtsteil. Die Musik zieht weiter an und wird später zu Daenerys'

Leitmotif, das als musikalischer Triumph bei schwergewichtigen Handlungen oder dem Sieg über Gegner erklingt. Die Kamera fährt zurück und zeigt, wie sich die anwesenden Dothraki nacheinander verbeugen, sie fährt um Daenerys in einer Nahansicht mit dem Drachen auf der Schulter und fängt ihren Blick auf den gesamten Khalasar, die Stammesgruppe ein. Die Szene endet mit einer Weitwinkelansicht aller knienden Dothraki und etabliert, was die „Mother of Dragons" ist. Die Unterwerfung ist symbolisch doppelt: Untertanen knien vor ihrer Herrscherin wie Gläubige vor ihrer Göttin. Die Szene illustriert auch, wie Leadership hier verstanden wird, nämlich im hierarchischen Sinne des „Power-over", mit einer charismatischen, außergewöhnlichen und übernatürlichen Anführerin (Abb. 2).

Dabei hat die unterwürfige Verehrung einer göttlichen und nackten Frau auch immer etwas mit Erotik zu tun. Während Cerseis Nacktheit bei ihrem Walk auf Shame einmalig, aber ausführlich, von der Kamera eingefangen wird, ist Daenerys dem voyeuristischen Blick öfter ausgesetzt, da sie öfters blankziehen muss. Die Haltungen der Schauspielerinnen dazu sind gemischt: Lena Headey (Cersei) wünschte ein Bodydouble, Oona Chaplin (Talisa) wollte für ihre Schauspielleistung und nicht ihre Brüste stehen und Emilia Clark (Daenerys) hatte nach der dritten Staffel vorerst genug. In Staffel 6 fühlte sie sich nackt wieder in Ordnung, sogar „all proud, all strong", und „in control" (Blumson 2016). Der „male gaze", den die feministische Filmtheoretikerin Laura Mulvey (1975) beschrieben hatte,

Abb. 2 Daenerys fühlt sich nicht nackt, sie hat Drachen auf der Schulter und alle sehen zu Boden. Sie ist der Power-over Typ. (GoT, S01E10, USA, 2011, HBO, YouTube)

wird als männliches Starren dem Zuschauer aufgedrückt, denn die Kamera wirft den Blick der vorrangig männlichen Kameraleute, Regisseure und Produzenten auf die weiblichen Darstellerinnen, und reproduziert damit die Frau als Objekt vor einem patriarchischen Publikum. Selbst wenn sie die Mother of Dragons ist, die Unverbrannte, die Khaleesi des großen Grasmeeres und so weiter. Leadership wird beeinflusst vom „male gaze", wie auch jegliche Interaktion in der Wirtschaftwelt vom männlichen Starren kontrolliert wird – womit der weibliche Körper unzähligen stillen Vorurteilen, Zurückweisung und Missfallen ausgesetzt ist. Es stellt sich die Frage, wie weibliche Leader aussehen und sich verhalten sollen und wo sie überhaupt sein dürfen (Höpfl 2000). Voreingenommenheit und sogar eine gewisse Abscheu vor und gleichzeitig eine paradoxe Faszination an Frauenkörpern in Organisationen wurde etwa von Gatrell (2011) untersucht, die zeigte, wie sich Schwangere mit ihren überweiblichen, aufgegangenen Körpern beurteilt fühlen und versuchen, sich zu verstecken und durch Mehrarbeit anzupassen. Nicht nur Männer, sondern auch Frauen selbst beobachten Frauen und beurteilen und vergleichen sie und damit sich selbst, was weibliche Karrieren behindert: Frauenfeindliche Beurteilung von Aussehen und Verhalten entscheidet über Führungskarrieren, wenn schon beim Job-Interview sowohl Männer als auch Frauen das weibliche Aussehen, die Haltung und Sprache kritisch checken und Fehler finden – bis hin zum Loch in der Strumpfhose und der Pferdeschwanz-Frisur, die üblicherweise als nicht führungstauglich eingestuft wird (Mavin und Grandy 2016, S. 1114). Die ehemalige US-Außenministerin und Präsidentschaftskandidatin Hillary Clinton ist ein prominentes Beispiel: Während Männer wie Trump sich heute zwar auch dumme Kommentare ob des schlabbrigen Anzugs anhören müssen, löste bei Clinton jeder Haarschnitt eine Debatte nicht nur über die Kosten, sondern über ihre persönliche Authentizität und ihren Charakter aus (Gray 2016). „Es fasziniert mich, dass die Leute da so neugierig sind", sagte sie einmal zur Presse. Während einer Rede vor Studenten der Universität Yale hatte die Politikerin bereits 2001 betont: „Haare sind wichtig", und dem Publikum geraten: „Achtet auf eure Haare, denn alle anderen werden es auch tun." Generell fehlt es an Frauen in der Führungsetage und damit auch an Rollenvorbildern.

Game of Thrones als populäre Kultur und „sozialer Traum" von heute zeigt uns viele weibliche Rollenvorbilder, die alle anders aber stark aussehen und sich nicht verstecken, obwohl sie von all unseren Blicken viel stärker beurteilt und öffentlich diskutiert werden. Wenig Aufmerksamkeit hingegen erhält das Aussehen von mächtigen Männern wie Tywin, Robert Baratheon oder „Kleinfinger", das über die Jahre hinweg wenige Zuschauer zu einem Kommentar auf Twitter bewegt hatte. Haben sie sich jemals ausgezogen? In GoT's „hottest nude scenes" haben diese Anführer es nicht geschafft, aber zumindest Loras Tyrell und, logo, Khal Drogo (gespielt von Jason Momoa).

Frauenkörpern ist die Aufmerksamkeit gewiss und die Figur der Daenerys wird an vielen Stellen charismatisch inszeniert und ästhetisch erhöht. Im Finale der dritten Staffel wird sie wortwörtlich in die Luft gehoben (S03E10). Ihr weißer Körper wird von der anonymen Masse der dunkelhäutigen ehemaligen Sklaven aus Essos getragen, sie wird damit individualisiert und anerkannt als „Sprengerin der Ketten" (Abb. 3).

Die Symbolik wurde im Mediendiskurs auch kritisiert, da sie die Ideologie des „white saviours" weiterführt – als hätten Weiße (wie Lincoln und andere) jemals persönlich schwarze Sklaven in die Freiheit geführt, was durch politischen und militärischen Zusammenschluss geschah und dann auch nur der erste Schritt auf dem langen Weg zur sozialen Gleichheit war. Die charismatische Glorifizierung von Daenerys in der Serie wird deshalb auch als imperialistisch wahrgenommen (Brown 2013). Sie praktiziert Ethnozentrismus, da sie als Weiße es als ihre Aufgabe und Verantwortung sieht, dunkelhäutige „Wilde" wie die Dothraki zu „zivilisieren" und die Bewohner von Yunkai und Mereen ebenfalls. Sie erstürmt Orte wie Astapor und stülpt der Bevölkerung ihre sozialen und moralischen Vorstellungen über. Diese Bürde des weißen Mannes – hier der weißen Frau – geht zurück auf das imperialistische Gedicht „The White Man's Burden" von Rudy-

Abb. 3 Daenerys, Mhysa, Sprengerin der Ketten, und mittelalterlicher Rockstar. Die Masse trägt sie auf Händen. (GoT, S03E10, USA, 2013, HBO, YouTube)

ard Kipling und ist zu einem popkulturellen Motiv geworden, wenn in unzähligen Mainstream-Filmen unterprivilegierten Farbigen „geholfen" werden soll (beispielsweise Sandra Bullock in „The Blind Side"/„Die große Chance"), wobei es dann meistens doch primär um die Charakterentwicklung des weißen Stars geht.

Die Repräsentationen von Kulturen und Rassen außerhalb des zentralen Kontinents Westeros wird auch als ein problematisches Element der Serie gesehen. Anderseits erkennen Stimmen im Mediendiskurs auch, dass kultureller Relativismus, der Vergewaltigung und Versklavung gutheißt, gegen grundlegende Rechte Einzelner verstößt und moralisch nicht in Ordnung ist. So funktioniert Daenerys' moralischer Kompass noch. Ein gutes Beispiel dafür, dass eine Führungsperson im heutigen globalen Wirtschaftsleben mit kollidierenden und widersprüchlichen Handlungenpraktiken reflektierte ethische individuelle Werte und übergreifende gesellschaftliche Moralvorstellungen benötigt (Ladkin 2010, S. 155). Das gilt gerade in Bezug auf ein relationales Verständnis, in dem Führung keine Person oder Position ist, sondern sich in einer komplexen und moralischen Beziehung zwischen Menschen entfaltet, denen es um Vertrauen, Verpflichtung und gemeinsame Werte geht. Diese Idee ist auch in der Inszenierung von Führung noch enthalten, wenn Daenerys von den befreiten Sklaven auf Händen getragen wird.

Daenerys' Hang zu charismatischen Inszenierungen, gerne auch in der passenden Architektur, wird von ihrem Auftritt in der finalen Folge ins Autoritäre persifliert. Daenerys steht im ledernen Outfit im Regen aus Asche und Schnee hoch auf den Stufen über der zerstörten Stadt Königsmund, wobei diese Anordnung die Führungsposition des „Macht-über" (Power-over) ein letztes Mal illustriert. Im Hintergrund prangen die großen Banner ihres Wappens im bedrohlichen Rot-Schwarz. Ein Drache erscheint hinter ihr und „verleiht" ihr visuell „Flügel" mit einem intertextuellen Batman-Motiv (Abb. 4).

Regelmäßig sprach Daenerys zu ihren Anhängern in Präsenz ihres Drachen, gerne dominant und maskulin codiert vom hohen Rücken herab. Es ist eine kulturhistorisch gängige Macht-Inszenierung, wenn große Eroberer mit einer wilden Bestie (Löwe, Ross, Drache) an ihrer Seite dargestellt werden. In der Version der Moderne erscheinen Anführer auch gern mit Maschinen, beispielsweise dokumentierte US-Präsident Theodore Roosevelt seine Besuche des utopischen Panamakanal-Baus mit Bildern von sich auf einem Tonnen schweren Schaufelbagger als Illustration von Kontrolle, Kraft und Männlichkeit (Missal 2008, S. 93). Das Tier oder die Maschine werden Verlängerungen des Körpers und signalisieren die bändigende Kraft des (imperialistischen) Geistes. Daenerys bedient sich aus diesem kulturellen Bildervorrat und ergänzt üblicherweise um zusammenschweißende Kampfreden, wie die „Slay every man who holds a whip"-Rede in Astapor (S03E04), die „I am not a Khal"-Rede (S06E06) zu ihrem

Abb. 4 Macht verleiht Flügel – bis die Anführerin abhebt. Daenerys vor ihrer letzten großen Rede. (GoT, USA, S08E08, 2019, HBO, YouTube)

Khalasar und schlussendlich die „Will you break the wheel with me"-Rede zu ihren Soldaten (S08E08). Diese Battle-Speeches sind uns aus der Geschichte und den Medien zur Genüge bekannt: die St. Crispins-Tag-Rede aus Shakespeares Heinrich V; die Rede des „Großen Diktators" von Charly Chaplin; die Freedom-Speech in Braveheart von Mel Gibson; die „Any given Sunday"-Ansprache von Al Pacino.

In ihrer letzten Rede erklärt sie auf Dothrakisch (zur Kavallerie) und Valyrisch (zur Infanterie der Unbefleckten), dass der Krieg noch nicht zu Ende sei, und sie gemeinsam mit ihrer Armee die Menschen auf der Welt befreien wolle. Das klingt nach totalitärer Kriegsführung und provoziert auf sozialen Medien Feedbacks wie: „Jesus they had her looking like some medieval Adolf Hitler there she might as well have been speaking German" („Daenerys Speech" 2019). Der Philosoph Böhme (1995, S. 42) gibt zu bedenken, dass die Ästhetik in der Politik spätestens dort bedenklich wird, wo die Politik selbst zur Inszenierung wird, beziehungsweise die Politik Ästhetisierung betreibt, wo es um Veränderung der menschlichen Verhältnisse geht. In *Game of Thrones* wird nicht nur die normale Ästhetisierung von Macht und von Führungspersonen gezeigt, die sich in Szene setzt und Beherrschten Achtung abnötigt.

Die Serie zeigt auch, dass Macht selbst zur Inszenierung werden kann, was Walter Benjamin in Bezug auf die Aura und den Faschismus beschrieben hatte, wenn der Faschismus folgerecht auf eine Ästhetisierung des politischen Lebens hinausläuft. Menschliche Verhältnisse werden nicht weiterentwickelt oder verändert, sondern lediglich ästhetisch und sinnlich aufgeladen. Für die Massen – oder in diesem Beispiel für Daenerys selbst und ihre verbleibenden Zuschauer – ersetzt der inszenierte Ausdruck die tatsächliche Führung/Politik, die eigentlich Unterdrückung der Menschen in Westeros beseitigen wollte und ihnen Freiheit und Recht bringen sollte. Für Daenerys ist der eigentliche Sinn ihrer Führung, die sich charismatisch ausdrückte, verloren gegangen. Was zurückbleibt ist die inszenierte Hülle, die sich ohne ihren Inhalt in dieser Szene aber als groteske faschistoide Fratze zeigt, und schließlich in sich zusammenbricht.

Es leidet die Beziehung zu ihren Anhängern und damit bröckelt das relationale Konstrukt von Führung selbst. Tyrion reißt sich wortlos die Anstecknadel mit der goldenen Hand vom Revers und wirft sie die halb zerstörten Treppen hinter, wo sie nach zweimaligem Aufprallen im Staub lieben bleibt. Daenerys' Gesicht bebt vor Zorn, als sie befiehlt, ihn zu ergreifen und abzuführen. Jon Snow sieht entgeistert zu. Er wird Daenerys wenig später vor dem Eisernen Thron einen Dolch zwischen die Rippen bohren. Den visuellen Rahmen bildet die ebenfalls in sich zusammengebrochene Architektur des Thronsaals: Inhaltsleer wie das, was vom zerstörten Charisma übrigbleibt, wenn der Sinn entschwindet. Alles wird Asche.

Auch für Jon Snow ist dies ein trauriger Tiefpunkt, eine richtige Tat aber auch ein menschliches Versagen, von dem er sich nie wieder recht erholen soll. Dabei vertraute doch Jon Snow immer in andere – und andere vertrauten in ganz wundersamer Weise in ihn, bisweilen auch in einer fast romantischen Art über das normale Maß hinaus. Die Reste des Thronsaals versinnbildlichen wie Ruinen des Barock Daenerys' trauriges Ende, die Vergänglichkeit von Menschen und ihren Werken, und erinnern zugleich als stimmungssteigerndes Element an etwas Romantisches. Mit genau diesem Gefühl kann man sich Jon Snow und der Romantisierung von Führung nähern, in der eine bestimmte Traurigkeit und Hoffnungslosigkeit auch immer angelegt ist, weniger aufseiten der Gefolgsleute denn aufseiten des Anführers.

Literatur

Biehl, B. (2007). *Business is Showbusiness. Wie Topmanager sich vor Publikum inszenieren*. Frankfurt: Campus.

Blumson, A. (2016). Emilia Clarke confirms her nude scene does not feature a body double in latest Game of Thrones. *The Telegraph*. https://www.telegraph.co.uk/tv/2016/05/16/emilia-clarke-confirms-there-aint-no-body-double-in-recent-nude/. Zugegriffen: 1. Aug. 2019.

Böhme, G. (1995). *Atmosphäre. Essays zur neuen Ästhetik*. Frankfurt: Suhrkamp.

Brown, E. (2013). Game of Thrones and the white girl's burden. https://iamericbrown. wordpress.com/2013/07/12/game-of-thrones-and-the-white-girls-burden/. Zugegriffen: 1. Aug. 2019.

"Daenerys Speech" Game of Thrones S. 08e06. (2019). https://www.youtube.com/ watch?v=HYY9m91BZKw. Zugegriffen: 1. Aug. 2019.

Gaines-Ross, L. (2003). *CEO capital. A guide to building CEO reputation and company success*. New Jersey: Wiley.

Galinsky, A., & Schweitzer, M. (2015). *Friend & foe: When to cooperate, when to compete, and how to succeed at both*. New York: Crown Business.

Gardner, W., & Avolio, B. (1998). The charismatic relationship: A dramaturgical perspective. *Academy of Management Review, 23*(1), 32–58.

Gatrell, C. (2011). Policy and the pregnant body at work: Strategies of secrecy, silence and supra-performance. *Gender, Work and Organization, 18*(2), 158–181.

Goffman, E. (1959). *The presentation of self in everyday life*. New York: Doubleday.

Gray, E. (2016). Accomplished woman Hillary Clinton gets nice haircut, all hell breaks loose. Breaking news: Woman consistently in public eye attends to her looks. *Hoffpost,* 1 April. https://www.huffpost.com/entry/accomplished-woman-hillary-clinton-gets-nice-haircut-all-hell-breaks-lose_n_56fd51f1e4b0a06d580510fe. Zugegriffen: 1. Aug. 2019.

Harvey, A. (2001). A dramaturgical analysis of charismatic leader discourse. *Journal of Organizational Change Management, 14*(3), 253–265.

Höpfl, H. (2000). The suffering mother and the miserable son: Organizing women and organizing women's writing. *Gender, Work & Organization, 7*, 98–105.

Khurana, R. (2002). The curse of the superstar CEO. *Harvard Business Review, 80*(9), 60–67.

Ladkin, D. (2010). *Rethinking leadership: A new look at old leadership questions*. Cheltenham: Elgar.

Ladkin, D. (2013). From perception to flesh: A phenomenological account of the felt leadership. *Leadership, 9*(3), 320–334.

Malmendier, U., & Tate, G. (2009). Superstar CEOs. *The Quarterly Journal of Economics, 124*(4), 1593–1638.

Mavin, S., & Grandy, G. (2016). A theory of abject appearance: Women elite leaders' intragender ‚management' of bodies and appearance. *Human Relations, 69*(5), 1095–1120.

Missal, A. (2008). *Seaway to the future. American social visions and the construction of the panama canal*. Madison: University of Wisconsin Press.

Mulvey, L. (1975). The male gaze and narrative cinema. *Screen, 16*(3), 6–18.

Shamir, B. (1995). Social distance and charisma. *Leadership Quarterly, 6*(1), 19–47.

Weber, M. (2005). *Wirtschaft und Gesellschaft*. Frankfurt: Zweitausendeins.

Romantisierung (Jon Snow)

8

Zusammenfassung

Dem vermeintlichen Bastard vom Winterfell, Jon Snow (Schnee), fliegen die Herzen zu, ohne dass er es gewollt hätte. Menschen neigen dazu, als Gruppe eine Führungsperson positiv herauszuheben. Das anhängerorientierte Konzept der Romantisierung von Führung sieht man hier: Snow wird zum Kommandanten der Nachtwache und zum König des Nordens ernannt, ohne dass er sich besonders darum bemüht hätte. Die Kehrseite romantisierter Führung: Der widerstrebende Anführer ist oft nicht bereit für seine Rolle, lässt wie Snow Leidenschaft, Kommunikationsfähigkeit und Überzeugungskraft vermissen.

Schlüsselwörter

Romantisierung von Führung · Soziale Ansteckung · Reluctant leadership · Charisma · Führungskommunikation

Dem vermeintlichen Bastard und unehelichen Sohns des Hauses Winterfell, Jon Snow, fliegen die Herzen des Öfteren quasi zu, ohne dass er es gewollt hätte und ohne dass es ihn besonders freudig stimmt. Die Bewohner Westeros, wie auch die Menschen unserer Gesellschaft, neigen dazu, als Gruppe eine Führungsperson herauszuheben und ihr positive Werturteile zuzuschreiben. Dieses Prinzip verfolgt *Game of Thrones* mit der permanenten Konstruktion von Führungspersonen – selbst wenn diese dann auch alsbald wieder dekonstruiert werden. Der König ist tot, lang lebe der König! Damit zeigt uns die Serie, dass trotz der Fixierung auf die zentralen Leader die Führung nicht stabil ist, sondern doch permanent

© Springer Fachmedien Wiesbaden GmbH, ein Teil von Springer Nature 2020
B. Biehl, *Leadership in Game of Thrones,* Serienkulturen: Analyse – Kritik –
Bedeutung, https://doi.org/10.1007/978-3-658-29301-7_8

zwischen Menschen verhandelt wird. Jon Schnee (im Original Jon Snow, wie er auch im deutschen Mediendiskurs häufig und ebenso in dieser Abhandlung hier genannt wird) (gespielt von Kit Harington) verkörpert dieses Prinzip. Er wird zum Kommandanten der Nachtwache und zum König des Nordens ernannt, ohne dass er sich besonders darum bemüht hätte.

Dieser Aufstieg war anfangs gar nicht zu erwarten, denn Jon Snow gilt als Bastardsohn von Eddard (Ned) Stark von Winterfell und einer unbekannten Frau. Von der Burgherrin Catelyn Stark wird der Junge als scheinbares Resultat eines Seitensprungs wie ein Außenseiter und recht kalt behandelt, von einigen Feierlichkeiten ausgeschlossen und von den rechtmäßigen Geschwistern bisweilen milde gehänselt. Auch das prägt den Charakter und führt nicht zu übermäßigem Selbstbewusstsein – welches man unschwer beim legitimen und erstgeborenen Sohn Robb Stark beobachten konnte. Eddard Stark schweigt sich über Hintergründe stets aus und verspricht beim Abschied vor seinem Ritt in den Süden zur Tätigkeit als Hand des Königs baldige Auflösung – wozu es aufgrund seiner plötzlichen Hinrichtung nie kommt. Jon verlässt mit dem Abgang des Hausherren ebenfalls Winterfell und tritt freiwillig der Nachtwache bei, einer militärischen Institution und einer Art Strafkolonie aus Gescheiterten, welche die gewaltige Mauer aus Eis zum Norden hin besetzt und verteidigt. Nach mehreren Kämpfen befindet ihn ein Großteil der Mannschaft für folgenswürdig und wählt ihm zum Lord Kommandanten. Dies währt nicht lange, denn die misstrauische Minderheit seiner Mitbrüder ermordet ihn alsbald. Just zu diesem Zeitpunkt reitet die Rote Hexe Melisandre nach ihrem erfolglosen Dienst für den getöteten Thronanwärter Stannis Baratheon bei der Nachtwache an der Mauer ein und erweckt Jon mit schwarzer Magie wieder zum Leben. Er lässt seine Mörder hinrichten und verlässt die Bruderschaft für neue politische Aufgaben, die ihn zur Funktion des Königs des Nordens führen und als Anführer im Krieg gegen die Weißen Wandere reüssieren lassen. Dann stellt sich heraus, dass Jon in Wahrheit der eheliche Sohn von Prinz Rhaegar Targaryen und Eddards Schwester Lyanna Stark ist und unter dem Namen Aegon Targaryen geboren wurde. Dies macht Daenerys zu seiner Tante und ihn zu einem potenziellen König über alles.

In der letzten Staffel mehren sich Stimmen wie Tyrions und Varys', die sogar lieber ihn auf dem Eisernen Thron sehen würden als Daenerys. Während andere in *Game of Thrones* wie Cersei, Joffrey und Daenerys keine Gelegenheit auslassen, ihren klaren Willen zur Macht zu zeigen, nimmt Jon Snow Führungsrollen mehr oder minder gegen seinen Willen an, scheint lieber folgen zu wollen und nutzt schließlich die Gelegenheit, sich der Mutter der Drachen, Sprengerin der Ketten, etc. zu unterwerfen. Als widerstrebender Anführer steht er nicht mit seiner ganzen Überzeugung hinter der Aufgabe, und scheitert mehrmals. Mit den anderen gescheiterten Anführern hat er gemeinsam, dass er den Beziehungsaufbau zu den Anhängern vernachlässigt. In seinem Fall geschieht dies jedoch nicht aus übermäßiger, sondern aus mangelnder Hingabe zur Führungsrolle, die er nicht selbst für sich gewählt hat.

Zunächst ist es umso erstaunlicher, dass diese Beziehungsaufgabe scheitert, denn seine Anhänger sind ihm sehr zugetan, schwärmen für ihn und demonstrieren, was als Romantisierung von Führung (Romance of Leadership) (Meindl et al. 1985) bekannt ist. Ein Beispiel ist das Finale der sechsten Staffel, in der Jon Snow zum König des Nordens bestimmt wird. In einer Versammlung äußern die Häuser des Nordens nach dem Reinfall mit dem kurzlebigen vorherigen König des Nordens, Robb Stark, Bedenken gegenüber einer Wahl und zweifeln auch seine bisherigen Führungserfolge an, obwohl er gerade die Schlacht der Bastarde gewonnen hat. Dann erhebt sich die zehnjährige Lyanna Mormont und rechnet mit den Köpfen der Häuser ab (S06E10):

> Your son was butchered at the Red Wedding, Lord Manderly, but you refused the call. You swore your allegiance to House Stark, Lord Glover, but in their hour of greatest need, you refused the call. And you, Lord Cerwyn, your father was skinned alive by Ramsay Bolton, still, you refused the call.

Eine rhetorischer Moment für die junge Lady, wie man ihn aus vielfältigen Ansprachen von Führungspersonen in der Politik und Wirtschaft kennt (Atkinson 1984): Eine wirkungsvolle Dreierliste an Aufzählungen, eine wiederkehrende Endung (you refused the call), die direkte Ansprache der Anwesenden. In der Liste finden sich drei Kontraste als Stilmittel der effektiven Art: Mord, Not, Folter – und dennoch keine Gefolgschaft. Auch die performative Umsetzung sitzt: Dramatische Pausen nach jedem Satz, eine kurze Stille, Power play. Ein gekonnter Side Eye zwischen jedem Statement, die Stimme wird lauter, bis zur epischen Verkündung:

> But, House Mormont remembers. The North remembers! We know no King but the King of the North whose name is Stark. I don't care if he's a bastard. Ned Stark's blood runs through his veins. He's my king – from this day until his last day.

Ganz großes Kino. Gemurmel im Saal. Die älteren Herren schließen sich an. Der erste kniet, dann der nächste, die Versammlung zückt ihre Klingen und ruft Jon Snow zum „King in the North" aus. Auch außerhalb dieses Saales hinterließ Lyannas Ansprache Eindruck, etwa auf Social Media. Eltern von Grundschulkindern sichten mit ihrem Nachwuchs die Szene, um einmal zu zeigen, wie sich

klar formulierte Sätze anhören und wie man der alten Riege ordentlich die Stups-
nase zeigt. Lyanna wird aufgrund der gewonnenen Popularität trotz fehlender
Romanvorlage der Serie erhalten bleiben bis zu ihrem letzten heroischen Kampf
gegen einen Riesen aus der Armee des Nachtkönigs in der achten Staffel.

Die Szene illustriert nicht nur die bereits getroffene Feststellung „Die anderen machen den König", sondern geht noch weiter und veranschaulicht mit dieser
Szene das wissenschaftliche Konzept der „Romance of Leadership" (Meindl et al.
1985). Dieses nicht auf die Führungsperson konzentrierte, sondern anhängerorientierte Konzept beschreibt, wie manche Menschen auch ohne große eigene
Anstrengungen oder gar widerwillig von den Anhängern zur Führungsperson
gemacht werden können. In dieser verschärften Version der charismatischen Führung wird die Anführer-Romanze von Anhängern geschaffen, die sich selbst eine
Führungsperson konstruieren. Der Anführer wird in das Zentrum der Aufmerksamkeit einer Gruppe gestellt, wobei ihm die Beteiligten durch psychologische
Dynamiken der Attribution Erfolge von Team-Leistungen in übertriebenem Maße
persönlich zuschreiben, anstatt sich selbst und ihrer Gemeinschaft. Hier kommen
soziale Schemata zum Tragen, nach denen Anführern bestimmte Eigenschaften
von anderen bereitwillig zuerkannt werden, ganz gleich, ob sie diese besitzen.

Dem Zuschauer der Serie ergeht es ähnlich wie der Versammlung im Saal,
zunächst schwärmt das globale Publikum für Ned Stark, danach eben für seinen vermeintlichen Sohn Jon Snow. Hierbei ging der Impuls für dieses – nicht
erwachsene – Verhalten symbolisch auch von einem jungen Mädchen ohne Eltern
aus, das sich eine Führungsperson (Papa?) wünscht. Die Ernennung zum König
des Nordens zeigt, wie eine Leadership-Romantisierung von den Umständen
begünstigt werden kann: In einer Krise setzt die „soziale Ansteckung" (Meindl
1990) ein, bei der Anhänger eine kollektive Aufregung verspüren und den aus-
erkorenen Befehlshaber als noch charismatischer wahrnehmen. Die Situation ver-
langt einen Anführer, und der Norden findet ihn. Die Gemeinschaft wählte einen
jungen, weißen Mann, der ähnlich spricht und aussieht wie der vorherige König
des Nordens. Auch hier beeinflusst die Menschen das soziale Kapital (Netzwerke
des Nordens), das kulturelle Kapital (Herkunft, Ehrkonzepte, Sprache und Verständnis der nördlichen Gemeinschaft) und das symbolische Kapital (Ruf des
Vaters, Siege in Schlachten).

Wo ist in dieser Entwicklung die eigentlich von der Blutlinie her legitime
Nachfolgerin, Neds Tochter Sansa Stark, die auch Winterfell zurückerobert hat
durch ihre strategische Allianz und den Sieg in der Schlacht der Bastarde? Hier
trafen Jon und Sansa mit ihren Gefolgsleuten auf eine Überzahl von Ramsay Bol-
tons gut organisierten Soldaten in der Schlacht um das von ihm besetzte Winterfell und konnten nach einem harten Kampf mit hohen Verlusten nur mithilfe der

Ritter vom Grünen Tal gewinnen, die Sansa im Alleingang durch eine taktische Kooperation mit Petyr Baelish organisiert hatte. Nur Sansa wusste durch ihre beschwerliche Ehe mit Ramsay, wie jener dachte, wurde vom Heerführer Jon aber nicht zurate gezogen oder angehört. In der Szene seiner Erwählung befindet sich Sansa, wie so oft, still daneben. Die Kamera widmet ihr kaum Aufmerksamkeit. In jeder Einstellung sitzt sie neben Jon Snow, eher wie ein Schatten, bisweilen auch unscharf. Der zukünftige König hingegen wird zu Beginn der Szene eingeführt durch einen elfsekündigen Zoom aus dem Close-up heraus. Die Kamera ist Komplizin in der Leadership-,,Romanze" und lässt die Zuschauer wissen: Er ist der Wichtige. Er ist der Richtige. Nur Jon Snow selbst ist davon nicht ganz überzeugt (Abb. 1).

In der Ernennung zum König des Nordens findet diese Romantisierung von Führung ihren vorläufigen Höhepunkt. Sie endet nicht gut, denn die Kehrseite romantisierter Führung ist, dass die Führungsperson oft nicht wirklich bereit für ihre Rolle ist, Leidenschaft und Überzeugungskraft vermissen lässt. Das zeigt uns Jon Snow von Anfang an.

Seine erste Führungsposition übernimmt der junge Mann bei der Nachtwache in der Schwarzen Festung (im Original: Castle Black). Man könnte auch sagen, er „bekleidet" diese Rolle wortwörtlich, denn das zottelige schwarze Fell-Outfit wurde zu Jon Snows Markenzeichen (und hallte wider in zahllosen Memes

Abb. 1 Schon wieder Chef!? Jon Snow konnte sich noch nie über Wahlerfolge freuen. (GoT, USA, S06E10, 2016, HBO, YouTube)

mit IKEA-Teppichen). Im trostlosen Fort an der Mauer findet Jon Snow schnell treue Anhänger, aber er findet auch seine Mörder. Der Nachtwache schließt sich der Bastard nach dem Auszug seines offiziellen Vaters Eddard Stark an, beide geben ihr privilegiertes, sicheres und ruhiges Leben für einen harten Dienst in Königsmund beziehungsweise an der Mauer auf. Nicht nur von Eigeninteresse angetrieben zu sein wie der Lennister-Clan, sondern etwas für andere zu opfern, ist schon einmal sympathisch. Wir fühlen mit ihnen, weil wir schätzen, dass Menschen nicht nur von Selbstinteresse gesteuert sind, wie Thomas Hobbes es in Bezug auf politische Führung beschrieben hatte, sondern doch von höheren Grundsätzen angetrieben.

Jon Snow, aufgewachsen in Winterfell als der Bastard von Eddard Stark, eigentlich geboren als Aegon Targaryen, Sohn von Lyanna Stark and Rhaegar Targaryen, will nicht nur primär Macht erlangen, sondern bringt eine Sensibilität für die komplizierte Interaktion zwischen Menschen mit. Er macht früh Erfahrungen eines Außenseiters und fühlt sich somit einer vielfältigen und inklusiven Gemeinschaft verpflichtet. Jon hat ebenso erfahren, dass eine Führungsrolle nicht nur eine Position ist, mit Status und Privilegien, sondern ein sozialer Prozess. In dem Prozess wird Führung permanent verhandelt, die Anhänger reden mit und interagieren, der Anführer überzeugt und motiviert die Beteiligten, gemeinsame Ziele zu finden und zu erreichen. Während Lord Kommandant Snow später geflüchtete Wildlinge aufnimmt und die Idee der großen Gemeinschaft bei der Nachtwache durchsetzt, hapert es an der praktischen Umsetzung des relationalen Führungsprinzips. Er bekleidet und versteht die Position, kann sie aber nicht im Prozess mit den Anhängern behaupten und halten, und wird schließlich erstochen.

Führungspotential sehen einige in Jon Sow, der, anders als das an der Mauer gestrandete standeslose und straffällig gewordene Gesindel, entsprechendes kulturelles Kapital mitbringt wie Umgangsformen und Bildung. So wird er zunächst dem Lord Kommandanten Jeor Mormont als persönlicher Adjutant zugeteilt, während er selbst lieber als Ranger in den Norden hinausreiten möchte. Schließlich wird er mit knapper Mehrheit zum 998. Lord Kommandanten gewählt (S05E02). Überzeugt von Jons Führungsfähigkeiten hält der geistig schnelle und rhetorisch beschlagene Samwell Tarly eine Rede zu seinen Gunsten, in der er einen beim Kampf als feige aufgefallenen Gegner diskreditiert und den Gegenkandidaten zurechtrückt:

> I found him there after the battle was over. In a puddle of his own making. Whilst Lord Janos was hiding with the women and children Jon Snow was leading. Ser Alliser fought bravely, it is true, but when he was wounded, it was Jon who saved us. He took charge of the Wall's defense, he killed the Magnar of the Thenns, he went

North to deal with Mance Rayder. Knowing it almost certainly meant his own death. Before that, he led the mission to avenge Lord Commander Mormont. Mormont himself chose Jon to be his steward. He saw something in Jon. And now we've all seen it too. He may be young, but he's the commander we turned to when the night was darkest.

Jon Snow erduldet diese unerwartete Rede regelrecht, sitzend, mit gesenktem Kopf, den Weinbecher fest umklammert (Abb. 2). Er steht nicht auf, er spricht nicht – und wird trotzdem gewählt. Wie Samwell es ausdrückt („when the night was darkest"), greift auch hier wieder die soziale Dynamik der Krisensituation. Eine Führungsperson wird gesucht, identifiziert und gewählt. Ganz knapp geschieht dies bei Jon mit einer Stimme Mehrheit. Diese stammt vom blinden Maester Aemon, der geboren wurde als Prinz Aemon Targaryen und damit auch noch, bisher unerkannt, verwandt mit Jon Snow ist. Dieser erhebt sich ungelenk, mit unsicherem Lächeln, wirft einen besorgten Blick zum Gegenkandidaten. An ihm soll der neue Anführer recht schnell scheitern.

Nicht nur die Herzen der einen Hälfte fliegen Jon Snow zu, auch der Hass der anderen Hälfte. Von seinen Gegnern wird der junge Anführer auch gleich schlecht beraten, womit ich auf die anfangs erwähnte Szene verweise, in welcher der geschlagene Gegenkandidat Alliser Thorne die Frage aufwarf: „Do you know what leadership means, Lord Snow? It means that the person in charge gets second guessed by every clever little twat with a mouth." Unsicher wie Jon

Abb. 2 Fürsprache ist ihm unangenehm. Während selbstbewusste Anführer aufstehen, möchte Jon lieber unter den Tisch kriechen. (GoT, USA, S05E02, 2015, HBO, YouTube)

Snow ist, mag er sich dem falschen Rat angeschlossen haben: Er glaubt nur an sich, lässt sich nicht infrage stellen, diskutiert nicht und investiert nicht in die Beziehungen zu anderen. Thorne hingegen leistet jede Menge Beziehungsarbeit im Hintergrund und kann schließlich eine meuternde Mördertruppe mobilisieren und zum 999. Kommandanten nach Jon Snow aufsteigen. Der unerfahrene junge Mann hingegen zieht sich auf die Position der immerhin von Logik angetriebenen eigenen Überzeugung zurück, und versagt dabei, seine Anhänger abzuholen.

Die Situation ist folgende: Es ist die Aufgabe der Nachtwache, die Menschheit zu beschützen, und dafür verhandeln Jon Snow und Tormund, dass das freie Volk die Mauer übertreten darf und zur Friedenssicherung eigene Kinder als Mündel an Familien in Westeros übergibt. Strategisch ist die Entscheidung richtig: die Wildlinge würden nördlich der Mauer kaum Widerstand leisten können und als Tote die Weißen Wanderer nur stärken, während sie südlich der Mauer mit den anderen Menschen kämpfen können. Die Soldaten der Nachtwache nehmen aber nicht die Strategie war, sondern nur den unmittelbaren Plan: Jene Menschen aufnehmen, die seit Jahren Feinde sind, die bekämpft werden und eigene Brüder getötet haben. Abgeschlachtet haben sie auch die Eltern des jungen Kämmerers Olly, der vom Anblick immer noch traumatisiert ist: „They put an arrow through my father's heart. They butchered my mother" (S05E05). Müde erwidert Jon Snow im Vier-Augen-Gespräch, dass er den Schmerz des Verlustes kenne, aber es helfe eben nicht: „Winter is coming." So bindet man keine Gefolgsleute. Solche abstrakten Diagnosen der Großwetterlage haben noch keinem geholfen. Auch nicht Mitarbeitern im 21. Jahrhundert, die sich von ihren Führungspersonen anhören müssen, sie müssten nun als Humankapital wie eine leblose Masse „abgebaut" werden, aufgrund des Niedergangs der Weltkonjunktur, ja, „schwierige Zeiten" brechen an, und so sei es eben (Biehl 2007, S. 191). Beziehungsorientierte Führung sieht anders aus.

Jon reagiert wie ein widerwilliger Anführer, der im Englischen als „reluctant leader" (Brooks 2014) bezeichnet wird. Wider Willen in die Führungsrolle gekommen ist er durch die unvorhergesehene Wahl des Kollektivs. Vielen berühmten Anführern ging es ähnlich, davon erzählt schon die Bibel: David, König Israels, betet im Psalm 27 „Der Herr ist mein Licht und mein Heil! Vor wem sollte ich mich fürchten? Der Herr ist die Kraft meines Lebens! Vor wem sollte mir bangen?" Auch Mose wurde gegen seinen Willen gefunden: Aus einem brennenden Dornenbusch sprach Gott zu Mose und forderte ihn auf, die Israeliten aus Ägypten zu befreien und in das gelobte Land zu bringen, in dem Milch und Honig fließen. Mose widersprach mehrmals und versuchte, sich gegen den Auftrag zu wehren. Umsonst. Die Aufgabe wird schwierig, denn erst nach zehn

Plagen ließ der Pharao die Israeliten ziehen – den weiteren beschwerlichen Weg berichtet die Exoduserzählung. Wo Gott die Verantwortung übergibt, sind es andernorts die Umstände, sich entziehen ist kaum möglich. Die Erwählten zweifelten und haderten, und wachsen mit ihrer Aufgabe. Die Filmgeschichte ist voll von bekannten Beispielen: Ellen Ripley in „Alien", Neo in „Die Matrix", Max Rockatansky in *Mad Max*, Katniss in *Hunger Games*, Han Solo in *Star Wars*, und Frodo Baggins in *Herr der Ringe*. Auch im realen Leben kommen Anführer bisweilen ohne den Willen zur Macht in Machtpositionen und sind entweder erfolgreich – oder auch nicht.

Der erfolglose „reluctant leader" kann nicht das volle Ausmaß an Überzeugung und Energie generieren, das für schwierige Situationen notwendig wäre. Nach Max Weber sind Leidenschaft, Verantwortung und Urteilsvermögen zentral für politische Führung – und davon besitzt der neue Kommandant Snow zumindest das Urteilsvermögen. Er versteht aber nicht, oder akzeptiert nicht, dass seine Strategie auch Überzeugungsarbeit erfordert, für die es nötig wäre, Leidenschaft und Verantwortung für die Gruppe und ihre Sorgen zu zeigen. Der Kommandant ordnet an, und erwartet, dass seine Anhänger die Wahrheit in der Situation erkennen. „I am the shield that guards the realms of men. Those are the words. So tell me, my lord – what are the wildlings if not men?" Für die Nachtwache sind die Wildlinge keine Menschen, sondern Wilde. Ihre Ängste sind virulent, die Fragen häufig, Diskussionen kochen hoch. „Let them die!", wird gefordert. Ein Bruder gibt zu bedenken, er würde Jon überall hin folgen, aber es gäbe Grenzen: „They killed 50 of our brothers, I can't forget it, I can't forgive it" (S05E05). Jon antwortet erschöpft, dass sie im Todesfall zu den White Walkers würden, und sie seien besser als dies. Die Management-Logik stimmt: Entweder werden Wildlinge zu Ressourcen für die Armee der Toten, oder zu Ressourcen für den Widerstand. Die Brüder achten nicht auf die ökonomische Vernunft und militärische Strategie, sondern müssten aufwendig emotional überzeugt werden. Sich infrage stellen lassen wäre das richtige Vorgehen für Lord Kommandant Snow gewesen, um wortwörtliche „Ver-Antwortung" zu übernehmen. Er antwortet nicht auf die dringenden Ängste und Sorgen seiner Männer, sondern erklärt logisch und gibt Anweisungen von der Position des Kommandanten. Mit seinem halbherzigen Einsatz versandet die Diskussion und der Kommandant übergräbt seine eigene Führung.

Snow wähnt sich im Stress und drückt seine Idee durch, ohne sich die Zeit zu nehmen, mit der Gruppe zu sprechen und Überzeugungsarbeit zu leisten. Diese Form der personenzentrierten Führung scheitert, weil sie sich nicht um die Beziehung zu den anstrengenden Anderen kümmert – die Alliser Throne einst

als „clever little twats with a mouth" abstempelte. Jon tut so, als stünde er lediglich vor einer logischen Entscheidung, die sich verkünden lässt, wobei er doch
die Unterstützung und Zustimmung der Gefolgschaft benötigt. Er entscheidet sich
dazu, für die Debatte rationale Gründe zu nennen, Informationen zum Sachver-
halt anzuführen, und sich auf die Logik zu verlassen. Diese Einschätzung erweist
sich als falsch.

Die Führungsperson, die voll hinter der Sache steht, hätte im Sinne relationaler, also beziehungsorientierter Führung, Ver-Antwortung übernehmen sollen
und auf die Ängste eingehen müssen. Dazu werden für Führungspersonen folgende Punkte angeraten (Craven 2019, S. 175): die Bandbreite der Meinungen
im Team verstehen und respektieren, wenn auch nicht teilen. Erkennen, dass
andauernde Überzeugungsarbeit geleistet werden muss, und nicht Strategien verkündet werden. Eine Möglichkeit der erfolgreichen Überzeugungsarbeit wäre,
unüberzeugbare Teile der Nachtwache wie Olly direkt einzusperren und damit
aus dem Verkehr zu ziehen um mit den anderen zu arbeiten. Die Debatte sollte
an einem Punkt beginnen, der für die anderen gerade noch akzeptiert ist, und sich
dann langsam mit Überzeugungsarbeit an eine geteilte Lösung herantasten.

Nach der schwierigen und unzulänglich vermittelten Führungsentscheidung,
die feindlichen Wildlinge vor den weißen Wandrern zu retten und hinter die
eigenen Mauern zu lassen, wird Snow im Zuge eines Komplotts als Verräter
bezeichnet und erdolcht. Die Rote Priesterin Melisandre erweckt ihn einige Tage
später wieder zum Leben. Bald setzt er seine Reise fort, wird zum König des
Nordens, unterwirft sich Daenerys und erdolcht sie schlussendlich auf ihrem
Weg zur unberechenbaren Tyrannin, trotzt verstärkter Bemühungen der emotionalen Überzeugung. Macht ist auch dann nicht sein Wille, als er alleine vor
dem Eisernen Thron steht. In der finalen Szene kehrt er zurück und reitet mit
bedeckter Miene in einer großen Gruppe des Freien Volks weiter gen Norden.
Hier ist er unter dem „Free Folk", das anders als die Westerosi (die sie als „the
kneelers" bezeichnen) nicht knien und sich zwanghaft einen Anführer wünschen.
Ganz in diesem Sinne und nach dem Abgang des letzten charismatischen und
zwanghaft wiederholt beförderten und emporgehaltenen gutaussehenden Mannes, serviert uns *Game of Thrones* zuletzt Anführer oder besser gesagt eine
Form von Führung, die nicht der Erwartungshaltung des Mainstreams entspricht.
Vielmehr rücken jene an die Führungsspitze, die wie Sansa neben Jon Snow so
oft großspurig von der Kamera übersehen wurden und als „Krüppel, Bastarde
und Zerbrochenes" anders als Jon Snow nie als „mögliche" Leader identifiziert
wurden.

Literatur

Atkinson, J. M. (1984). *Our master's voices: The language and body language of politics.* London: Methuen.

Biehl, B. (2007). *Business is Showbusiness. Wie Topmanager sich vor Publikum inszenieren.* Frankfurt: Campus.

Brooks, D. (2014). The reluctant leader. *New York Times,* 11. Sept. https://www.nytimes.com/2014/09/12/opinion/david-brooks-the-reluctant-leader.html. Zugegriffen: 1. Aug. 2019.

Craven, B. (2019). *Win or die. Lessons for life from Game of Thrones.* London: Blink Publishing.

Meindl, J. R. (1990). On leadership: An alternative to the conventional wisdom. *Research in Organizational Behavior, 12,* 159–203.

Meindl, J. R., Ehrlich, S. B., & Dukerich, J. M. (1985). The romance of leadership. *Administrative Science Quarterly, 30,* 78–102.

Behinderung (Tyrion Lennister, Brandon Stark)

Zusammenfassung

„Krüppel, Bastarde und Zerbrochenes" halten sich an der Macht und zeigen: Leadership ist eine Beziehungssache, und nicht etwas, das einer physisch stabilen, charismatischen oder privilegierten Person gehört. Der kleinwüchsige Charakter Tyrion besticht durch Schlauheit, Sarkasmus und Zähigkeit als Hand verschiedener Könige. Die Rollen fordern stereotype Sehgewohnheiten der Zuschauer heraus: der hässliche Zwerg ist keine böse Nebenfigur, der Eunuch hat romantische Beziehungen und der gehbehinderte Junge Brandon entwickelt andere Fähigkeiten und übernimmt schlussendlich den Thron.

Schlüsselwörter

Behinderung · Krankheit · Diskriminierung · Smart power · Rhetorik · Auflösung von Führung

„Cripples, bastards, and broken things" – „Krüppel, Bastarde und Zerbrochenes", spielen nicht nur eine große Rolle in *Game of Thrones,* sondern wortwörtliche große Rollen als Leadership-Charaktere. Menschen mit Behinderungen und Krankheiten treten in Game of Thrones häufiger auf als in den meisten, oder gar in allen anderen, Mainstream-Serien und sie tun dies nicht nur nebenbei. Sie sind Hauptrollen in der Erzählung, ziehen die Blicke durch raumfüllende close-ups auf sich und haben eine lange Bildschirmzeit. Schon von Anfang an werden Menschen mit bestimmten Beeinträchtigungen in die Serie eingeführt und halten sich besser und länger als so viele andere. Bald waren körperlich kräftige Männer wie Eddard und Robb Stark, Robert Baratheon und Khal Drogo gestorben und die

© Springer Fachmedien Wiesbaden GmbH, ein Teil von Springer Nature 2020 115
B. Biehl, *Leadership in Game of Thrones,* Serienkulturen: Analyse – Kritik –
Bedeutung, https://doi.org/10.1007/978-3-658-29301-7_9

Serie rückte weniger einfach zu verortende Charaktere ins Zentrum wie Tyrion. Der kleinwüchsige Charakter Tyrion (gespielt von Peter Hayden Dinklage) gilt als einer der schlauesten Charaktere der Serie und besticht durch seinen Sarkasmus und seine Zähigkeit als Hand verschiedener Könige. Der Zuschauer ist über Jahre hinweg an seiner Seite und an der Seite der Krüppel, Bastarde und Zerbrochenen und empfindet mit ihnen.

Zu Personen in hohen Positionen, die sich ein wenig von anderen unterscheiden, was beispielsweise die geistigen Fähigkeiten angeht, gehören die Herrscherin von Hohenehr, Lysa Arryn, sowie als Produkt von Inzest Joffrey Lennister, „Mad King" King Aerys II Targaryen und scheinbar auch Daenerys Targaryen, die schlussendlich kippt und Tausende Frauen und Kindern lebendig verbrennt. Daran erinnerte auch Cersei Lennister (S02E07): „Die Hälfte der Targaryens ist wahnsinnig geworden, oder nicht? Wie heißt es noch? Immer wenn ein Targaryen geboren wird, werfen die Götter eine Münze." Lebenslange Beeinträchtigungen finden wir auch bei Hodor, beim gehbehinderten Doran Martell aus Dorne, später zugezogene körperliche Verstümmelungen sehen wir bei der von der Grauschuppenkrankheit gezeichneten Shireen, bei dem durch Brandwunden entstellten Gregor „The Hound" Clegane, und Jamie Lennister mit seiner fehlenden Hand, sowie bei den Eunuchen der Serie wie Varys, Grauer Wurm und Theon. Blindheit und Sehbehinderung wird vorgelebt von Maester Aemon in der Schwarzen Festung und Beric Dondarrion, dem konvertierten und mehrfach wiederbelebten Anhänger des Herrn des Lichts.

Jedoch geht es mir hier nicht darum, vermeintlich behinderte Rollen zu identifizieren, sondern zu argumentieren, dass ein Spektrum von verschiedensten Menschen gezeigt wird. Behinderung ist ein Werturteil und hängt davon ab, welche Körper als legitim in bestimmten Orten erachtet werden. Es ist nicht klar, wo genau die Grenze zwischen normal, körperlich behindert oder deviant verläuft, und dafür wurde die Serie viel gelobt. *Game of Thrones* handelt eine Vielzahl von Fragen über die Bedeutung und das Stigma von Behinderung ab.

Ein Beispiel, wie Diskriminierung offen thematisiert und an den Pranger gestellt wird, ist etwa die letzte Szene Shireens (S05E09). In auf YouTube veröffentlichten Compilations mit Fan-Reaktionen ist der Tod von Stannis Baratheons Tochter auch enthalten, hier sieht man deutlich das Entsetzen des gemischten Publikums (Saby's Art, o. J.,11:44–14:49) als das junge Mädchen mit dem entstellten Gesicht zum Menschenopfer wird. Die deformierte Shireen (gespielt von Kerry Ingram) ist unschuldig, wird aber aufgrund ihres Antlitzes zum Sündenbock, denn sie würde sowieso nie heiratsfähig werden. Andere Töchter hingegen werden von adeligen Vätern und Müttern bis zum Äußersten verteidigt als hohes Gut für Allianzen, Herrschafts- und Friedenssicherung in der mittelalterlichen Feudalgesellschaft. Stannis' Heer ist geschwächt, er im Bann der verführerischen Roten Hexe, die Lage aussichtslos. Die kleine Shireen wird im Schneegestöber an den dunklen Soldaten vorbei zum Scheiterhaufen geführt und spätestens dann erkennt der Zuschauer schockiert: Nein! Shireen wird festgebunden, schreit nach ihrem Vater, ihrer Mutter, und wieder nach ihrem Vater, der versteinert zusieht. Die Rote Priesterin Melisandre zündet Shireen, die in vertauschter Position wie die eigentliche „Hexe" auf dem Scheiterhaufen steht, für den Herrn des Lichts an (Abb. 1). Die Szene endet in Schmerzensschreien, im Rot des Feuers, im Grau der Verzweiflung. Sie lässt den Zuschauer mit einem dumpfen Eindruck zurück, einem Gefühl davon, wie dumm, lächerlich und sinnlos diese Aktion war und wie bedauernswert Anführer wie Stannis und ihre Gefolgsleute sind, die in ihrer Verzweiflung die moralische Orientierung verloren haben.

Das globale Publikum muss sich an vielen solcher Geschichten verhandeln, auch an größeren Handlungsbögen. Deshalb wurde George R.R. Martin als Autor von *A Song of Ice and Fire* mit dem „Visionary Award" Media Access Award im Jahr 2013 ausgezeichnet. Der Media Access Award wird an TV-Serien verliehen, die Behinderung als Teil des täglichen Lebens wirkungsvoll in das Storytelling einbinden und damit für das Publikum anders sichtbar machen. Als Vertreter

Abb. 1 Finsteres Mittelalter reloaded: Die Rote Hexe zündet ein entstelltes Mädchen an. (GoT, USA, S05E09, 2014, HBO, YouTube)

der Kommission schrieb der Autor David Radcliff an Martin (2013): „Game of Thrones is not commonly thought of as a show that ‚deals with' disability — it is something even better: a show that embraces the reality that no one is easily definable." Die Serie behandelt Behinderung nicht nur nebenbei, sondern zeigt uns viele Charaktere mit deutlichen und weniger klaren körperlichen und geistigen Beeinträchtigungen oder Abweichungen von der Norm, sodass die Grenze zu „den Normalen" oft verschwimmt und dem Zuschauer vorführt, dass es den Normalen eigentlich nicht gibt, oder dass dieser nicht zwangsläufig besser ist.

Allerdings hat die Serie ihre behinderten Zuschauer trotzdem diskriminiert, und zwar ganz unmittelbar bei der Ausstrahlung. Auf sozialen Netzwerken bemängelten Zuschauer die fehlenden Untertitel für Hörgeschädigte, die erst später hinzugefügt wurden, angeblich aus Zeit- und Geldgründen, obwohl hohe Summen für computeranimierte Werwölfe und Drachen vorhanden waren (Donnelly 2016). Damit schließt die Serie trotz aller Bemühungen in der Narration ganz praktisch und ironisch wieder jene aus, die nicht die gleichen körperlichen Möglichkeiten haben wie andere.

Andere Serien, die zuvor für Veränderung in der TV-Landschaft positiv hervorgehoben wurden sind *The Sporanos* und *Breaking Bad*. Sie haben eingefahrene kulturelle Sichtweisen über Normalität infrage gestellt. Später zeigte Carrie Mathison in *Homeland* als Workaholic mit biopolarer Störung ihre manisch-depressiven Phasen. Tony Soprano hat als einer der ersten Anti-Helden in TV-Serien neben Don Draper bei *Mad Men*, Dexter, und Walter White bei *Breaking Bad*, seine psychischen Probleme und fehlende Moral nicht nur bei seiner Ärztin Dr. Melfi, sondern vor dem globalen Publikum thematisiert. Bei *The Sopranos* wird Behinderung auch in mehreren Nebenrollen dargestellt als „just another fact of life" wobei die Ideologie des vermeintlich Normalen umgedreht wird, wenn das angeblich Behinderte beruhigend und normal erscheint (LeBesco 2006, S. 55). *Game of Thrones* wurde ähnlich in den Medien und online (Ellis 2014) diskutiert. Einige der nicht dem Durchschnitt entsprechenden Charaktere zeigen Ablehnung gegenüber dem weitverbreiteten immoralischen Verhalten und Gewalt und kritisieren auch gesellschaftliche Diskriminierung.

Eine große Szene, in der Vorurteile und Behinderung ganz offen ausgesprochen werden, ist der Prozess gegen Tyrion (Abb. 2). In dem Prozess findet die problematische Familiengeschichte der Lennisters einen traurigen Höhepunkt. Tyrion als der jüngste Sohn von Lord Tywin Lennister und als kleiner Bruder von Jaime und Cersei wurde wegen seiner Kleinwüchsigkeit schon immer diskriminiert, verschlimmert durch den Tod seiner Mutter bei seiner Geburt. Dafür wird ihm als körperlich deformiertes Baby gesellschaftlich und familiär die Schuld zugeschrieben – während der Tod von Müttern bei der Entbindung

Abb. 2 Jetzt reicht's: Tyrion, „schuldig, ein Zwerg zu sein", klagt die diskriminierende Gesellschaft an. (GoT, USA, S04E06, 2014, HBO, YouTube)

gesunder Jungen zwar als traurig beschrieben, aber nie als deren besondere Schuld thematisiert wird. Lediglich zu Jamie hat Tyrion ein brüderliches Verhältnis, während sowohl Vater als auch Schwester ihm Hass entgegenbringen. Tyrions erste Verliebtheit (in eine Prostituierte, die sein Bruder ihm fürsorglich und gutmeinend organisiert hatte) wird durch den Vater zur Demütigung, der die junge Frau zwingt, sich für Silber an die Wachmänner zu verkaufen und Tyrion dabei zusehen lässt – eine Wunde, die für ihn nie heilt. Dieser lebt zunehmend eine Schwäche für Prostituierte und Trinkgelage aus, seine hohe soziale Stellung innerhalb der Lennister-Familie, den Reichtum und die Macht auch als Schutzschild nutzend. Er bildet sich in Königsmund und auf Casterlystein intellektuell und politisch fort, ist Mitglied des kleinen Rates und bietet auch seinem arroganten Neffen Joffrey während seiner kurzen Herrschaft gekonnt Paroli. Der unberechenbare und gestört agierende Joffrey macht sich viele Feinde und wird bei seiner Hochzeitsfeier ermordet.

Tyrion wird vorgeworfen, seinen Neffen Joffrey vergiftet zu haben – später stellt sich heraus, dass es die rivalisierende Adlige Olenna Tyrell war, die verhindern wollte, dass ihre Enkelin Margaery mit Joffrey „ein Monster" heiraten muss. Tyrion fühlt sich angeklagt, weil er kleinwüchsig ist, und das schon sein ganzes Leben. Ausgerechnet sein eigener Vater Tywin (gespielt von Charles Dance), der ihn zeitlebens ob seiner Kleinwüchsigkeit verachtet hat, ergreift die Gelegenheit nun – endlich? – Gericht über ihn zu halten.

Tywin:	Tyrion, do you wish to confess?
Tyrion Lennister:	Yes, father. I'm guilty. Guilty. Is that what you want to hear?
Tywin:	You admit you poisoned the king?
Tyrion:	No. Of that, I'm innocent. I'm guilty of a far more monstrous crime. I'm guilty of being a dwarf.
Tywin:	You are not on trial for being a dwarf.
Tyrion:	Oh, yes I am. I've been on trial for that my entire life.
Tywin:	Have you nothing to say in your defense?
Tyrion:	Nothing but this, I did not do it. I did not kill Joffrey, but I wish that I had! Watching your vicious bastard die gave me more relief than a thousand lying whores! I wish I was the monster you think I am! I wish I had enough poison for the whole pack of you! I would gladly give my life to watch you all swallow it!

Mit dieser Aussage beansprucht er aktiv „Behinderung" für sich, präsentiert sich als Ziel von Diskriminierung und stellt dabei auch die sozialen Vorurteile bloß. Er konfrontiert auch den Blick der Zuschauer und damit das diskriminierende Verhalten unserer heutigen Gesellschaft. Einer aus den Reihen der Ankläger muss dafür stellvertretend büßen – auch wieder recht überraschend für das Publikum. Bevor Tyrion als störender Faktor von der Gesellschaft durch Hinrichtung entfernt werden kann, hilft sein Bruder Jamie ihm bei der Flucht. Auf dem Weg zum Boot dringt er noch in die Gemächer seines Vaters Tywin ein, erwischt ihn mit seiner ehemaligen Geliebten, der Prostituierten Shae, und bringt ihn mit der Armbrust auf dem Plumpsklo zur Strecke. „You shot me … You are no son of mine", giftet der Vater mit dem Bolzen in der Brust. „I have always been your son!", wirft Tyrion körperlich unverletzt aber mindestens ebenso schmerzerfüllt zurück. Für die Missachtung muss der Vater nun büßen.

Es ist selten, dass wir in Film und Fernsehen Behinderte überhaupt sehen, in einer Geschichte, die nicht kitschig ist und nur dazu dient, Nichtbehinderte etwas motivierter zurück in ihren Alltag zu schicken, oder in der nur gezeigt wird, wie schlecht Behinderte in unserer Gesellschaft behandelt werden (Ellis 2014). Kleinwüchsige werden entweder als Disney-Zwerge verniedlicht oder als leicht starrsinnig und habgierig in Tolkiens *Hobbit* und C.S. Lewis' *Chronicles of Narnia* gezeigt, wobei deformierte Personen traditionell Übeltäter und Bösewichter darstellen und negative Archetype mit Behinderung verbunden werden (Donnelly 2016). Eines der medial hartnäckigen Vorurteile ist die Verbindung von Bösartigkeit und Behinderung, als wenn körperliche Unförmigkeit die missgebildete Seele ausdrücke. Das trifft nicht auf Tyrion zu, der kein archetypischer Zwerg, sondern einer der komplexesten Charaktere der Show ist, und dabei weniger „eingeschränkt" als die meisten gutaussehenden Anführer. Auch hat er nicht viel mit den hartarbeitenden Bergarbeiter-Zwergen oder kindischen kleinen Menschen anderer Erzählungen gemeinsam. Intelligenz und Beziehungsorientierung, also Verständnis von und Eingehen auf andere, sind seine Leadership-Fähigkeiten. Er kann sich notfalls aus der schwierigsten Lage herausverhandeln – wie etwa in Burg Hohenehr, als er Bronn in der letzten Sekunde als Vertreter gewinnt für seinen „Trial by Combat", das Duell, das ein Angeklagter anstelle eines Gerichtsprozesses führen darf.

Varys als ebenfalls nicht der dominanten Norm entsprechender Charakter wird sein bester Freund und erkennt sein Potenzial, den Instinkt seines Vaters für Politik und Einfühlungsvermögen, das seinem Vater fehlt. Auf der gemeinsamen Reise nach Meereen nach dem Prozess (S05E02) bilanziert Varys:

Varys: You were quite good, you know, at ruling, during your brief tenure as Hand.
Tyrion: I didn't rule. I was a servant …
Varys: People follow leaders, and they will never follow us. They find us repulsive.

Beide können mit Macht umgehen, mussten aber erfahren, dass ihre Möglichkeiten als Führungsperson durch Deformiertheit begrenzt sind und dass sie Macht nur erreichen können, wenn sie backstage arbeitend die Mächtigen beraten. Ähnliche Diskriminierung erleben Arbeitnehmer in der Wirtschaft und Politik. Zwar soll etwa bei uns das Allgemeine Gleichstellungsgesetz (AGG) Menschen schützen, die aufgrund der ethnischen Herkunft oder aus rassistischen Gründen, aufgrund ihres Geschlechts, ihrer Religion oder Weltanschauung, aufgrund einer Behinderung, ihres Alters oder ihrer sexuellen Identität Benachteiligungen erfahren.

Dennoch sieht auch heute die Realität anders aus: Der Diskriminierungsbericht der Bundesregierung zeigt, dass Menschen auf dem Arbeitsmarkt generell immer noch massiv benachteiligt werden, von Führungspositionen ganz zu schweigen. Diskriminierung betrifft die Rasse, Hautfarbe, Geschlecht, Sprache, Religion, politische oder sonstige Anschauung, nationale oder soziale Herkunft, Vermögen, Geburt oder sonstigen Stand – in *Game of Thrones* sehen wir auch in den wichtigen Rollen Menschen, auf die diese Merkmale zutreffen. Dazu gehört auch die „Diskriminierung nach Augenschein" bei einer sichtbaren Behinderung (Antidiskriminierungsstelle des Bundes 2017, S. 15), wie sie etwa Tyrion aufgrund seiner Kleinwüchsigkeit erfährt, sein durchschnittlich blond aussehender, aber mental instabiler Neffe Joffrey allerdings nicht. So warnt die Antidiskriminierungsstelle des Bundes (2017, S. 13) davor, dass „Diskriminierungen aufgrund bestimmter tatsächlich vorhandener oder zugeschriebener Merkmale [..] den wirtschaftlichen und gesellschaftlichen Zusammenhalt unterminieren" können. Das zeigt uns *Game of Thrones:* Was wäre Westeros ohne Varys gewesen, der sich als einziger dem großen Ganzen statt persönlichem Ehrgeiz verschrieben hat, oder ohne den Strategen Tyrion oder ohne den Sehenden und das Gedächtnis Brandon?

Alle diese „Krüppel" oder „Zerbrochenen" halten sich gut an der Macht und stärken die hier vertretene These: Leadership ist eine Beziehungssache, und nicht etwas, das einer physisch stabilen, charismatischen oder privilegierten Person gehört. Tyrion beispielsweise mag zwar Berater von Herrschern sein, aber zeigt dennoch Leadership-Qualitäten.

So lässt sich Tyrions Führungsstil mit dem Konzept „smart power" neben „hard power" und „soft power" (Wilson 2008) in Verbindung bringen. Der knallhart-männliche Tywin Lennister verkörpert das Konzept „hard power": Er setzt seine militärische Macht und seine finanziellen Mittel ein, um mit Gewalt seine Ziele zu erreichen. Er ist auch im Umgang offen scharf, wobei die Sprache direkt und zwingend ist („you will, you must…"). Dem „soft-power" Typ der relationalen Führung entspricht eher Margaery Tyrell (gespielt von Natalie Dormer), die die Herzen der Hauptstadtbevölkerung durch Lächeln und Freigiebigkeit gewinnt und sich dem sanftmütigen König Tommen mit ihrem Charme, Freundlichkeit und körperlicher Sensibilität nähert. Auch dem jähzornigen Vorgänger König Joffrey gibt sie durch ihre scheinbare Unterwürfigkeit und kecke Offenheit nicht den von ihm gesuchten Anlass, sie wie die hilflose Sansa zum Opfer zu machen und zu quälen. Als Joffrey sie zur Befragung in sein Zimmer rufen lässt (S03E02), zeigt Margaery eine bemerkenswerte sinnliche Empfindsamkeit für den anderen, verringert die räumliche und damit zwischenmenschliche Distanz, nähert sich, findet sogar fast Körperkontakt, indem sie die Armbrust als Schutzwaffe des unsicheren Teenagers berührt. Solche Interaktion lässt sich bisweilen auch als ästhetische Kompetenz im Leadership-Kontext beschreiben.

Bei sanfter Macht („soft power") tritt an die Stelle von Zwang das Einbeziehen und die Verpflichtung. „Soft power" umfasst alles jenseits wirtschaftlicher und militärischer Macht und beinhaltet immaterielle Assets wie eine attraktive Persönlichkeit, Kultur, politische Werte und moralisch legitimierte Vorgehensweisen. Strategien der soften Gewalten sind Kampagnen zum Aufbau langlebiger Beziehungen, die uns Margaery vorführt bei ihrem Waisenhausbesuch (S03E01). Sie überquert stinkende Pfützen, hockt sich unter die Kinder und schenkt ihnen Spielzeug-Kämpfer: Denke daran, dass dein Vater als Soldat diese Stadt vor bösen Männern beschützt hat und sei stolz auf ihn! So wird Legitimationsarbeit von Herrschaft an der Basis gemacht, heute kennen wir dies als Corporate Social Responsibility, oder Corporate Citizenship. Egal wie strategisch unecht oder vielleicht doch echt die Herzlichkeit bei dieser hochflexiblen Adaptabilität nun sein mag, man kann sich einfach nicht vorstellen, dass eine Margaery Tyrell auf dem Abort von ihren entfremdeten Kindern mit der Armbrust erschossen wird, nein, das würde vom Drehbuch her nicht passen und vom Karma her auch nicht. Passiert auch nicht. Allerdings bietet ihre soziale Empathie ihr keinen Schutz beim Ausbruch Cerseis offener Gewalt („hard power"), als die Septe gesprengt wird. Margaery merkt zumindest noch als Allererste, dass etwas nicht stimmt und will aus dem Gebäude flüchten, wird von den Soldaten aber mit körperlicher Gewalt zurückgehalten.

Dem kleinwüchsigen Mann Tyrion mit der schlechten Reputation fehlen offensichtlich einige immaterielle Assets für „soft power". Strategisch schlau verkörpert er „smart power", definiert als eine Kombination von Zwang, harter Macht und Geld mit Überzeugung und attraktiver Anziehung (Wilson 2008). In der internationalen Politik wird dieser Ansatz als der effektivste gelobt, da militärische Vergeltungsschläge alleine nicht nachhaltig sind und keinen Sinneswandel der Beteiligten oder politische und soziale Legitimation mit sich bringen, und pure Freundlichkeit auf der anderen Seite keine Gegner, Terroristen oder gewachsene Strukturen ändern kann – wie von Margaery illustriert. So setzt auch Tyrion im „smart power"-Ansatz sowohl Lennister-Gold als auch Diplomatie und militärische Gewalt ein. Gerade als Hand von Daenerys spielt er diese beiden Ansätze konsequent, bedient sich sowohl ihrer charismatischen Attraktivität als Befreierin und Sprengerin der Ketten als auch den Drachen als überlegene Waffen. Mit diesem Ansatz führt er Daenerys bis zum finalen Sieg und hält sich über ihren Tod hinaus als führender Stratege der internationalen Politik, wenn man so will.

Seinen Verstand und sein Gespür für Menschen und Situationen setzt er nicht nur für andere ein, sondern hat ihn in seine „Sie sagen ich bin ein halber Mann"-Kampfrede bei der Schlacht am Schwarzwasser (im Original: Battle of the Blackwater) eingebracht, als er als Hand des Königs Joffrey die Verteidigung der Stadt Königsmund gegen die Flotte von Stannis Baratheon leitet (S02E09).

They say I'm half a man. But what does that make the lot of you? There's another way out; I'm going to show you. Come out behind them and fuck them in their asses. Don't fight for your king, and don't fight for his kingdoms. Don't fight for honor, don't fight for glory. Don't fight for riches, because you won't get any. This is your city Stannis means to sack. That's your gate he's ramming — and if he gets in, it will be your houses he burns, your gold he steels, your women he will rape. Those are brave men knocking at our door. Let's go kill them!

Die Rede zählt zu den besten Kampfreden, denn obwohl Tyrion als eine Art Witz in Königsmund galt, bewies er sich als motivierender Anführer. Der wirkungsvolle Kontrast „Ich bin ein halber Mann – was seid dann Ihr" rüttelt auf. Dann preist er nicht abstrakte Konzepte wie Ehre, sondern illustriert nachvollziehbare Gefahren und macht den Kampf eine persönliche Angelegenheit, bietet schließlich einen Weg vorwärts: Lasst uns sie umbringen! Es ist viel einfacher, beeindruckende Kampfreden aus der charismatischen Distanz vom Rücken eines Drachen zu halten (Daenerys) oder als gutaussehender Jung-König des Nordens (Robb oder Jon), weil jene per se von romantisierenden Führungszuschreibungen getragen werden. Die wahre Führungsleistung besteht darin, Männer in Bewegung zu bringen, die einen das ganze Leben lächerlich gemacht haben.

Neben solchen Möglichkeiten zur transformativen Führung zeigt *Game of Thrones* bei diesen herausgehobenen Figuren mit Behinderung auch das Thema Sexualität – ebenfalls selten im Medien-Mainstream. Leadership ist mit Sexualität verbunden, allerdings meist mit der heterosexuell-männlichen Variante (Sinclair 1995). Tyrion hat ein aktives Sexleben, über das er häufig spricht und über das jeder Bescheid weiß. Seine Sexualität auszudrücken, ist Teil seiner Männlichkeit in einer Gesellschaft, die ihn wegen seiner Körpergröße oft nicht ernst nimmt. Endlich mal richtig unter Jungs reden, und selbst am Freund Varys keinen Gag verschenken, dem laut Tyrion „nicht die Eier in der Kälte abfrieren" können (S08E01).

Auch Grauer Wurm als Anführer des Heeres der „Unbefleckten", der Eunuchen-Sklavensoldaten, hat ein Liebesleben. Anders als Varys kann er nicht eine offen queere Identität verkörpern, sondern muss sich in einer Welt behaupten, in der physische maskuline Kraft seine eigentliche Identität ausmacht, gerade für ihn als den ranghöchsten militärischen Kommandanten. Missandei und Daenerys diskutieren offen seinen Körper und seine sexuellen Möglichkeiten, wobei Daenerys ihm jegliche Fähigkeit zu sexuellem Interesse abspricht. Dabei nimmt sie in Kauf, durch explizites Regulieren von Sexualität auch implizit Geschlechterrollen (Butler 2004, S. 65) zu produzieren und Grauer Wurm auf etwas zu reduzieren, das ‚kein echter Mann' ist. Grauer Wurm jedoch gibt einmal zu verstehen, dass er mit seinem Körper und seinem Leben zufrieden ist, denn wäre er nicht bei den Unbefleckten, hätte er Missandei nie kennengelernt. Das normalisiert ihn und seinen Körper. Er kann eine romantische heterosexuelle Beziehung ohne penetrierenden Geschlechtsverkehr haben, die dem Publikum beim ersten großen Kuss der beiden gezeigt wird (S07E02). Damit weist er die Vorstellung zurück, dass biologisches Zukunftsdenken, das an diesem sexuellen Akt hängt, der Kern menschlicher Existenz sei, und zeigt dem Publikum, wie wenig verlässlich die eingefahrenen Vorstellungen von Männlichkeit und sexueller Körperlichkeit doch sind.

Anstatt diskriminierende Zuschreibungen nur wieder fortzuschreiben, stellt die Serie gesellschaftliche Werturteile infrage und zeigt uns oft auf unangenehm direkte Art, wie wir uns gegenüber denen verhalten, die wir als „anders" wahrnehmen. Dazu zählt etwa die offene Diskriminierung von Kleinwüchsigen und körperlich Behinderten. Aber die scheinbar Benachteiligten werden einmal nicht einfach wieder so präsentiert, wie die Mehrheit sie sieht, nämlich als „behindert", als Randfigur, als abgestempelt. Vielmehr erscheinen sie so in der Erzählung, wie sie sich eigentlich erfahren und selbstbestimmt verhalten können.

Damit ist die Serie *Game of Thrones* ein Beispiel für die aktuelle Diversifizierung von Fernsehinhalten. In und um Westeros herum agieren Charaktere mit Behinderungen oder Körpern, die von der mehrheitlichen Norm abweichen. Diese Personen sind genauso komplex wie andere und haben ihre Schwächen und Stärken. Sie spielen zentrale Rollen und nehmen kritische Erzählpositionen im Diskurs von Behinderung ein, indem sie etwa ihren illegitimen Status offen ansprechen und auch wortwörtlich verhandeln – wie Tyrion vor Gericht. Jede dieser Rollen fordert damit die antrainierten stereotypen Sehgewohnheiten der Zuschauer heraus: der hässliche Zwerg ist keine böse Nebenfigur, der Eunuch hat romantische Beziehungen und der gehbehinderte Junge Brandon lässt sich nicht abschreiben, sondern entwickelt andere Fähigkeiten neben seinen körperlichen eingeschränkten.

So bleibt der junge Brandon Stark in der ersten Staffel nach einem Unfall (Jamie Lennister stößt ihn einen Turm herunter, als er ihn beim Sex mit seiner Schwester Cersei beobachtet) querschnittsgelähmt und von den anderen abgeschrieben: Catelyn, Eddard und Robb diskutieren, was er nicht mehr kann, Cersei und Jamie finden es sogar grausam, ihn überhaupt am Leben zu lassen. Für Tyrion gilt nicht das von den Medien weiter verbreitete Denken, lieber tot als behindert zu sein. Er denkt an die Zukunft des Jungen und was er kann, und lässt ihm einen speziellen Sattel zum Reiten anfertigen. Der Junge entwickelt eine übernatürliche Begabung und beendet schlussendlich das Spiel der Throne als gewählter Herrscher über den Kontinent, neben Sansa als Herrscherin über einen unabhängigen Norden (Abb. 3). Die Wahl für „Bran the Broken" begründet Tyrion folgendermaßen (S08E06):

And who has a better story than Bran the Broken? The boy who fell from a high tower and lived. He knew he'd never walk again, so he learned to fly. He crossed beyond the Wall, a crippled boy, and became the Three-Eyed Raven. He is our memory, the keeper of all our stories. The wars, weddings, births, massacres, famines. Our triumphs, our defeats, our past. Who better to lead us into the future?

Abb. 3 Survival of the Fittest: Nach 8 Staffeln Intrigen und Gemetzel teilen sich eine Frau (Sansa) und ein gehbehinderter Mann (Bran) die Königsreiche auf, eine Frau (Arya) wandert aus. (GoT, USA, S08E06, 2019, HBO, YouTube)

Mit diesem Finale bündelt die Serie *Game of Thrones* noch einmal die hier diskutierten Stränge: Starke Führungspersonen wurden permanent aufgebaut und dann wieder – oft überraschend – entfernt. Vielversprechende Führung hängt nicht ab von persönlichen Attributen wie Intelligenz als individuelle Fähigkeit, Charisma als vermeintlicher Gnadengabe, sozialem und symbolischen inkorporiertem Kapital oder verkörperter männlicher Sexualität. Führung ist kein Objekt, das einer Person gehört, sondern wird zwischen Menschen verhandelt – und dies permanent und ohne Unterlass. Keiner muss perfekt sein und jeder macht Fehler und wächst idealerweise auch an seinen Anforderungen. Tyrion weist einmal jegliche Führungsverantwortung zurück nach dem Mord an seiner Geliebten und an seinem Vater, worauf Varys sagt: „I never said you were perfect." Perfektion ist nicht realistisch, und selbst wenn sie zunächst da wäre, muss sie nicht zwangsläufig lange halten (Robb Stark). Vielmehr geht es um das stete Bemühen und die ständige beziehungsorientierte Interaktion und persönliche Weiterentwicklung.

Brandon durchlief auch seine persönliche Reise vom kleinen Jungen zum dreiäugigen Raben und konnte sich dabei auf die Hilfe von Freunden und Familie verlassen. Anders als die anderen Mitstreiter machte er wenige Fehler auf der Beziehungsebene, somit ist die Wahl seiner Figur auch zum Teil eine Verlegenheitslösung, die aber wieder politisch genug ist. Wo die kritische Managementforschung zu Recht eine „Allgegenwärtigkeit von Leadership" (Learmonth und Morrell 2017) festgestellt hat, wird in Westeros ein Leader gewählt, der keine typische Führungsperson ist. Er sieht sich nicht mehr als Person, sondern als ein Medium, ein Gedächtnis, eine entkörperte Existenz, und hebt damit die Beziehungsorientierung zu anderen über die interaktive Ebene hinaus auf eine nicht fassbare, metaphysische Dimension. Er sieht alles und er versteht alles und jeden. Personalisierte Führung wird nicht zugunsten einer demokratischen Ordnung abgeschafft und der Vorschlag des Wahlrechts für alle führt in der hohen Runde zu großem Gelächter („Sollen denn auch die Hunde eine Stimme haben?"). Führung wird aber dennoch aufgelöst, indem sie Bran „The Broken" zugeteilt wird, der sich nicht mehr als Person sieht, sondern als Wächter von Gedanken, als Gedächtnis, als Medium. Eigentlich ist er gar nicht mehr da, sondern existiert für die vordemokratische Ordnung im Fantasy-Mittelalter nur als Projektionsfläche einer Führungsfigur. Hier wird Raum geschaffen für viele utopische Ideen, wie Führung nicht nur zwischen einem Anführer und Anhängern verhandelt, sondern ganz kollektiv gestaltet werden kann. *Game of Thrones* zeigt uns personenzentrierte Führung im Zerrspiegel und gibt uns ganz im Sinne politischer Kunstformen (Lehmann 2002) keine eindeutige Antwort oder Gegenthese von Führung, sondern zeigt uns die Verwirrung und den Kampf in seiner trüben Ganzheit, seiner Unsicherheit und Verwirrung, und endet damit, dass Führung quasi aufgelöst wird in der Projektionsfigur eines „Zerbrochen".

Literatur

Antidiskriminierungsstelle des Bundes. (2017). Diskriminierung in Deutschland. Dritter Gemeinsamer Bericht der Antidiskriminierungsstelle des Bundes und der in ihrem Zuständigkeitsbereich betroffenen Beauftragten der Bundesregierung und des Deutschen Bundestages. Berlin.
Butler, J. (2004). *Undoing gender*. New York: Routledge.
Donnelly, C. E. (2016). Re-visioning negative archetypes of disability and deformity in fantasy: Wicked, Maleficent, and Game of Thrones. *Disability Studies Quarterly, 36*(4), o. S.
Ellis, K. M. (2014). Cripples, bastards and broken things Disability in Game of Thrones. *M/C Journal, 17*(5), o. S.
LeBesco, K. (2006). Disability, gender and difference on the sopranos. *Women's Studies in Communication, 29*(1), 39–59.

Learmonth, M., & Morrell, K. (2017). Is critical leadership studies ‚critical'? *Leadership*, *13*(3), 257–271.

Lehmann, H.-T. (2002). *Das politische Schreiben. Essays zu Theatertexten*. Berlin: Theater der Zeit.

Martin, G. R. R. (2013). Media access award for Game of Thrones. http://www.georgerr-martin.com/media-access-award-for-game-of-thrones/. Zugegriffen: 1. Aug. 2019.

Saby's Art. (o. J). All the scene from game of thrones which made its fan cry. Reactions Compilation. https://www.youtube.com/watch?v=2sdpQzVwY48. Zugegriffen: 1. Aug. 2019.

Sinclair, A. (1995). Sexuality in leadership. *International review of women and leadership*, *1*(2), 25–38.

Wilson, E. J., III. (2008). Hard power, soft power, smart power. *The Annals of the American Academy of Political and Social Science, 616*(1), 110–124.

Fazit: Leadership ist eine Beziehungssache

10

Zusammenfassung

Die Person des Anführers ist in *Game of Thrones* zwar zentral – aber sie scheitert früher oder später immer und wird durch andere ersetzt. Die Serie konstruiert fortlaufend Leader und demontiert diese immer wieder. Nach dem König ist vor dem König! Generell wird Führung dabei nicht als ein Objekt, sondern als Praxis gesehen, die verkörpert und performativ ist und in der Interaktion von Menschen entsteht, verhandelt wird und auch wieder verschwinden kann. Die Serie erinnert uns dabei an die eigene Verantwortung und Möglichkeiten der Mitgestaltung.

Schlüsselwörter

Follower · Emotionen · Dekonstruktion von Führung · Zwischenmenschliche Interaktion · Verantwortung der Anhänger

Die Erzählung von *Game of Thrones* unterstellt eine personenzentrierte, oder besser anführerzentrierte Sicht auf Leadership, die man in personalistischen Führungstheorien und Eigenschaftstheorien der Führung findet. Die Serie dreht sich um einzelne Personen in Führungsfunktionen: Daenerys, Jon, Cersei, Joffrey, Ned, Tywin, und viele mehr. Sie zeigt keine kollektiven Organisationsformen oder wechselnde Führung, verteilte Entscheidungsgewalt und dezentrale Strukturen. Bei der Erörterung dieser verschiedenen kulturellen Archetypen ist aufgefallen, dass gerade deren permanentes, oft plötzliches und noch häufiger spektakuläres Scheitern so eindrücklich und fesselnd inszeniert ist, dass es das Publikum besonders anspricht, sozusagen heiß und kalt werden, in Feuer und Eis

© Springer Fachmedien Wiesbaden GmbH, ein Teil von Springer Nature 2020   129
B. Biehl, *Leadership in Game of Thrones,* Serienkulturen: Analyse – Kritik – Bedeutung, https://doi.org/10.1007/978-3-658-29301-7_10

baden lässt. Darüber hinaus stellt diese Darstellung mit ihren Mechanismen der Interaktion unser Verständnis von Führung und Folgen selbst infrage und lässt das Publikum mit der unbequemen Gewissheit zurück, dass es selbst eine Verantwortung besitzt und diese einlösen muss.

Zunächst einmal sind die Protagonisten von *Game of Thrones* beileibe nicht perfekt, stehen unter einem enormen Druck und wollen sich selbst und andere fordern, um ihre Ziele zu erreichen. Das entspricht unserer heutigen komplexen Welt, in der wir alle Entscheidungen unter großer Unsicherheit, mit Bauchschmerzen und ungewissem Ausgang treffen müssen. Die Anführer sind bisweilen extreme Charaktere, die man im gemäßigten normalen Leben so nicht sieht, von denen man aber viel mehr mitnehmen kann als von durchschnittlichen Personen. Generell verhandelt die Serie offene Vergeltung, unverhohlenen Exzess und anerkannte Irrationalität (in Bezug auf Drachen und Weiße Wanderer) als Zerrspiegel unseres Zeitalters, das auf der Oberfläche sehr viel kontrollierter und korrekter erscheint – es aber nicht immer ist. *Game of Thrones* hält kontrollierten Masken in der Politik und Wirtschaft befreiend emotionale und unbeherrschte Gesichter entgegen.

Somit eignet sich die Serie auch als Indikator für gesellschaftliche Befindlichkeiten – wie andere populärkulturelle Formate (Kleiner und Wilke 2013), die auch konkrete wirtschaftliche Phänomene verhandeln und in diesem Sinne als Business Fiktionen (Sánchez 2018) bezeichnet werden können. Die Brutalität und Extreme in *Game of Thrones* können Zuschauer ansprechen, die sich in ihrem alltäglichen Leben zurücknehmen müssen und keine gesteigerten Emotionen zeigen dürfen. Ähnlich präsentiert uns auch das zeitgenössische Theater den Zerrspiegel unserer Gesellschaft (Biehl 2018): Der Theaterregisseur Falk Richter inszenierte die Wirtschaftswelt als repressives System, bei denen Menschen wie „Unter Eis" arbeiten müssen, das Regiekollektiv Rimini Protokoll erklärte die Jahreshauptversammlung von Daimler mit ihrer bemüht glatten Inszenierung zum Theaterstück, und auf der Bühne von René Pollesch wechseln die Figuren permanent ihre nicht authentische Identität und drücken mit wiederum authentischen Schrei-Orgien ihre unsicheren Empfindungen aus.

In manchen Bereichen des heutigen Lebens wie der Kreativbranche mag zwar mehr Raum für Individualität sein, aber abgesägt werden Underperformer dort auch, immerhin freundlich (à la: „Du bist echt chill… aber passt trotzdem irgendwie nicht so richtig ins Team…"). Generell sind wir in der Business-Welt glatten, rationalistischen Inszenierungen ausgesetzt: So sprach Josef Ackermann als ehemaliger Vorstandsvorsitzender der Deutschen Bank emotionslos über den „Abbau von Humankapital" zur „Steigerung der Eigenkapitalrendite", und porträtierte dabei knallhart eine „Leistung, die Leiden schafft" und beileibe keine

„Leistung aus Leidenschaft" (Biehl 2007, S. 191). Wenig Angriffsfläche bietet in der Arbeitswelt ein gewisser Menschenschlag, der sich trotz aller dort postulierten Individualität gebildet hat: Ein Typ, der in seiner Uniformität menschen- und selbstverachtend nur mit Wissen aber ohne Verständnis von Dingen spricht, die Arbeitsplätze, persönlichen Schmerz und Umweltschäden bedeuten können, dem die schlichte Angst um die Karriere und die Sehnsucht nach Erfolg – sowie ein andauernd erlebter unverständlicher Branchenslang, uniforme Dresscodes, geheuchelte Begrüßungsfloskeln und Benimmregeln – alle Ecken und Kanten abgeschliffen haben. Ähnliches sieht man beispielsweise bei der Netflix-Serie *House of Cards,* wo emotionale Total-Kontrolle, Berechnung und Zynismus praktiziert wird und sich Robin Wright in der Hauptrolle als Claire Underwood schon fast soziopathisch unter totaler Kontrolle hat.

Game of Thrones hält diesen kontrollierten Masken Gesichter der Gefühle entgegen: Bedrohliche Gegner werden kurzentschlossen von Drachen verbrannt („Dracarys!"), verhasste Gewalttäter mit dickem Grinsen den Hunden vorgeworfen (Ramsay Bolton) und privilegierten Großmäulern werden schadenfroh Hände (Jamie Lennister) und Penisse (Theon Graufreud) abgehackt. Dabei kommt hier nicht die weiter verbreitete romantische, sondern die komplementäre groteske Vorstellung des Mittelalters zur Geltung als gewalttätige und rechtsfreie Ära (Marsden 2018). Obwohl der „Winter kommt", geht es heiß her in der sozialen Interaktion. Das Zelebrieren von offener Rücksichtslosigkeit trifft aber auch Minderheiten und ist durchaus reaktionär, wenn Errungenschaften der Antidiskriminierung (Tyrion Lennister) und Frauenrechte (Sansa Stark) demonstrativ demontiert werden. Körperlich benachteiligte Menschen werden beschimpft und belacht, junge Frauen vergewaltigt. Allerdings, und das wurde ebenfalls diskutiert, findet die Serie in ihrem Verlauf einen Modus, in dem Charaktere wie die unterdrückten Frauen und andere marginalisierte Menschen mit vermeintlichen Behinderungen sich entwickeln und ermächtigen. Das führt uns die diesbezüglichen Verfehlungen unserer heutigen Zeit nur allzu offen vor und lässt uns mit der fehlenden Gewissheit des Fortschritts zurück.

Nicht zuletzt scheint denn eine zwanglos rücksichtslose Art heute in der Weltpolitik in Mode, aber umstritten zu sein. Während viele autoritäre Anführer verehren, kritisieren andere diesen Trend zum Totalitären – der natürlich auch immer mit ökonomischen Zwängen und finanziellen Machtpositionen und Vorteilen verstrickt ist. Die Öffentlichkeit ist momentan hinreichend misstrauisch gegenüber Machttypen wie dem Präsidenten der Türkischen Republik Recep Tayyip Erdoğan, dem russischen Präsidenten Wladimir Putin und dem nordkoreanischen Machthaber Kim Jong Un. In Bezug auf den US-Präsidenten Donald Trump haben Anhänger positiv betont, er würde die Strukturen Washingtons zerschlagen,

Feuer und Emotionalität zeigen, anders als die vermeintlich glatte und kalkulierte Kandidatin Hillary Clinton. Andere sind schockiert, was beispielsweise das Cover des Nachrichtenmagazins „Der Spiegel" illustriert, welches die politische Entwicklung als regressiven Prozess vom Neandertaler über den Affen bis hin zu Donald Trump in Bezug auf das Enthüllungsbuch „Feuer und Zorn" visualisiert (Beyer 2018).

Auch solche Ideen nimmt *Game of Thrones* als Sage von „Feuer und Eis" auf, gibt aber keine Lösung. Einzelne prominente Führungspersonen werden fortwährend verhandelt und infrage gestellt. Die Person des Anführers ist zwar zentral – aber sie scheitert früher oder später immer und wird durch andere ersetzt. Die Serie konstruiert fortlaufend Leader und demontiert diese immer wieder. Nach dem König ist vor dem König!

Bekanntermaßen sehen Mediennutzer in hierarchisch organisierten Gesellschafts- und Arbeitskontexten gerne, wie mächtige Männer und Frauen scheitern. Die Dekonstruktion mächtiger Führungspersonen hilft gewöhnlich der Zuschauer-Seele, mit der eigenen Rolle als zweifelnder Anhänger oder manchmal auch unsicherer Anführer zurechtzukommen. Wenn Leadership heutzutage überall ist und inflationär verwendet wird (Learmonth und Morrell 2017), und Macht- und Aufstiegskämpfe im Arbeitsalltag dazugehören, dann zeigen die Medien nicht nur bestimmte Ängste, sondern schüren sie auch und versuchen, „Kollektivängste zu generieren und zu synchronisieren" (Kleiner 2013, S. 225). Die Untergebenen sind zahlreich, ständig mit Bedrohung und Sinngebung beschäftigt, und freuen sich auch über das Ende eines Macht- und Abhängigkeitsverhältnisses, bei dem die Führungsperson fällt. Derlei Gratifikation für die persönliche Identität ist bekannt im Modell des Nutzen- und Belohnungsansatzes in der Mediennutzungsforschung, die die aktive Rolle der Rezipienten im Umgang mit Massenmedien beschreibt. So kann man auch bei *Game of Thrones* davon ausgehen, dass das Publikum nicht passiv beschallt wird, sondern seine Erfahrungen – auch von Führung – aktiv an der Serie verhandelt. Dabei geht die aktive Auseinandersetzung über die bloße Dekonstruktion von Führungspersonen hinaus. Das Sehen bezieht auch die eigene Rolle als Anhänger (Follower) in verschiedensten Lebensumständen mit ein und betrifft mögliche Führungsaspekte in der Arbeit und im alltäglichen und privaten Leben.

Game of Thrones spiegelt eine Entwicklung der Realität von Führung wider, die auch von der wissenschaftlichen Forschung im Bereich Leadership aufgenommen wurde: Während Untersuchungen von Führungspersonen reichlich vorhanden sind, gibt es viel weniger Studien über Anhänger. Zwar haben alle erkannt, dass es keine Führung ohne Anhänger oder Gefolgsleute (Follower) gibt, aber diese wurden oft aus den Überlegungen über Führungsprozesse ausgeschlossen. Zunächst gingen diese anführerzentrierten Studien auf Frederick Winslow Taylors grundlegende Beschreibung hierarchischer Arbeitsaufteilung zwischen übergeordneten Managern und niedrigen Angestellten im frühen Stadium der Fabrikarbeit zurück. Personalistische Führungstheorien postulieren einen Zusammenhang zwischen Persönlichkeitseigenschaften und Führungserfolg. Eigenschaften wie etwa die Intelligenz sind abstrakte psychologische Konstrukte, die stabile und von den Rahmenbedingungen unabhängige Verhaltensdispositionen beschreiben. Die Eigenschaftentheorie ist weit verbreitet und erklärt scheinbar vernünftig den Führungserfolg: Beispielsweise hat Erfolg, wer intelligent ist. Wir alle aber wissen, dass es nicht unbedingt so ist und kennen jede Menge Gegenbeispiele, in denen sich nicht Durchblick und Einsicht durchsetzt, sondern eine schwer fassbare, meist zwischenmenschliche Dynamik. Dies scheint die eigentliche Regel zu sein. So hat die Managementforschung den Blick erweitert und Phänomene wie charismatische Führung betrachtet, bei der das Charisma dem Anführer quasi innewohnt, woraufhin die Anhänger ihm gleichsam automatisch folgen. Auch verwandte Perspektiven wie die transformale Führung setzen den Anführer als Motor voraus, der Geführte antreibt und deren Werte und Einstellungen sozusagen umformt.

Personalistische Führungstheorien beschreiben die Anhänger tendenziell als passive Masse, die man bearbeitet, knetet und in Form bringt. Aus solchen Ansätzen sind die Hauptfiguren in *Game of Thrones* geformt. Darüber sind wir heutzutage im Dienstleistungssektor, in kreativen Industrien und in Wissensunternehmen hinweg. Auch in *Game of Thrones* hat mit diesem Ansatz kein Herrscher langfristig Erfolg.

In die Narration von *Game of Thrones* ist eine Vorstellung von Führung eingeflossen, die Führung als sozialen Prozess beschreibt, der von Leadern und Followern gemeinsam gestaltet wird. Dieses Denken von Ko-Kreation findet sich in aktuellen Ansätzen zu relationaler Führung (Uhl-Bien et al. 2014). Weitergesponnen wird es beispielsweise in zeitgemäßen Perspektiven auf Wissensarbeit und kreative Führung (Mainemelis et al. 2015), bei der ein Produkt oder Erfolg nicht ohne den Beitrag der Beteiligten entstehen kann, sei es unter direktiver Anleitung oder als Resultat von Ermöglichung innerhalb von gegebenen Freiräumen. Generell wird Führung dabei nicht als ein Objekt, sondern als Praxis gesehen, die verkörpert ist und performativ (Ladkin 2013) und in der Interaktion von Menschen entsteht (Biehl 2019), aber auch verhandelt wird und damit auch wieder verschwinden kann.

Game of Thrones zeigt uns ausführlich, wie Leadership in sozialer und relationaler Interaktion entsteht, also in den gelebten Beziehungen zwischen Menschen. Donna Ladkin (2010, S. 59) spricht von einem Zwischenraum „in-between leaders and followers", in dem Führung fortwährend und dynamisch ausgehandelt wird. Wer sich auf die Erzählung einlässt, kann großartige Stärken und spektakuläre Schwächen einmal ganz offen ausgespielt erleben. Wer mitfühlt beim Zuschauen, kann Mechanismen von Führung und Folgen nicht nur rational nachvollziehen, sondern auch mit dem Empfinden gewahr werden und die sinnliche Wahrnehmung der menschlichen Interaktion als eine Art ästhetische Kompetenz ausbauen.

Nicht zuletzt entfaltet sich Führung nicht nur im Kopf, sondern auch in der sinnlichen Wahrnehmung der Menschen. Diese Idee ist tragendes Fundament der Erzählung von *Game of Thrones* und wird sehr vielschichtig ausgespielt. Macht und Akzeptanz können sich schnell verändern und auch plötzlich schwinden, und oft liegt es nur an kleinen Dingen, falschen Blicken oder unbedachten Gesten. Man kann sich nie sicher sein, fest auf einem Thron zu sitzen. Es ist nötig, von der durchweg ideologischen Perspektive der „großen" und meist männlichen Führungsperson wegzukommen. Wer eine differenziertere Sicht annimmt, sieht, dass nicht einer führt und andere folgen, sondern dass Menschen ihre Interaktion und ihre soziale Ordnung beständig verhandeln. Dies wertzuschätzen ist zunächst unbequem, denn es ist keiner da, dem man folgen kann – so hatte „Bran the Broken" menschliche Erwartungen an eine starke Führungsperson mit teilnahmslosem Gesicht schlichtweg an sich und seinem Rollstuhl abperlen lassen. Allerdings öffnet nach der ausführlichen Demontierung von Führung von Folge zu Folge und Staffel zu Staffel die entstandene Leerstelle auch den Blick für die eigene Verantwortung und für mögliche Veränderung. Hier ist der Zeitpunkt gekommen, an dem Menschen ihre Interaktion und soziale Ordnung verhandeln können und neue Formen von gesellschaftlicher Teilhabe entstehen können. In diese Verantwortung entlässt uns die Serie ohne jegliche Lösung, sondern sie ermutigt uns, mit unseren Gedanken zu spielen und unser doch mittlerweile recht fundiertes Wissen über Führung und unsere Verantwortung einzusetzen.

Literatur

Beyer, M. (2018). Die Lage am Samstag. *Spiegel Online,* 13. Januar. https://www.spiegel.de/politik/deutschland/news-donald-trump-lionel-messi-woody-allen-metoo-football-leaks-a-1187589.html. Zugegriffen: 1. Aug. 2019.

Biehl, B. (2007). *Business is Showbusiness. Wie Topmanager sich vor Publikum inszenieren.* Frankfurt: Campus.

Biehl, B. (2018). Der Daimler und der Jabberwocky: Künstlerische Kritik an Managern und Kunst als Mittel zur Personalentwicklung. In Y. Sánchez (Hrsg.), *Business Fiktionen, Literatur – Kultur – Ökonomie* (S. 49–76). Frankfurt: Lang.

Biehl, B. (2019). ‚In the mix‘: Relational leadership explored through an analysis of techno DJs and dancers. *Leadership, 15*(3), 339–359.

Kleiner, M. (2013). Apocalypse (Not) Now? In M. Kleiner & T. Wilke (Hrsg.), *Performativität und Medialität Populärer Kulturen* (S. 225–252). Wiesbaden: Springer VS.

Kleiner, M. S., & Wilke, T. (Hrsg.). (2013). *Performativität und Medialität Populärer Kulturen*. Wiesbaden: Springer VS.

Ladkin, D. (2010). *Rethinking leadership: A new look at old leadership questions*. Cheltenham: Elgar.

Ladkin, D. (2013). From perception to flesh: A phenomenological account of the felt leadership. *Leadership, 9*(3), 320–334.

Learmonth, M., & Morrell, K. (2017). Is critical leadership studies ‚critical‘? *Leadership, 13*(3), 257–271.

Mainemelis, C., Kark, R., & Epitropaki, O. (2015). Creative leadership: A multi-context conceptualization. *Academy of Management Annals, 9*(1), 393–482.

Marsden, R. (2018). Game of Thrones: Imagined world combines romantic and grotesque visions of middle ages. *The Conversation*. https://theconversation.com/game-of-thrones-imagined-world-combines-romantic-and-grotesque-visions-of-middle-ages-105141. Zugegriffen: 1. Aug. 2019.

Sánchez, Y. (Hrsg.). (2018). *Business Fiktionen, Literatur – Kultur – Ökonomie*. Bern: Lang.

Uhl-Bien, M., Riggio, R., Lowe, K., & Carsten, M. (2014). Followership theory: A review and a research agenda. *The Leadership Quarterly, 25*(1), 83–104.

If you have any concerns about our products,
you can contact us on
ProductSafety@springernature.com

In case Publisher is established outside the EU,
the EU authorized representative is:
Springer Nature Customer Service Center GmbH
Europaplatz 3, 69115 Heidelberg, Germany

Printed by Libri Plureos GmbH
in Hamburg, Germany